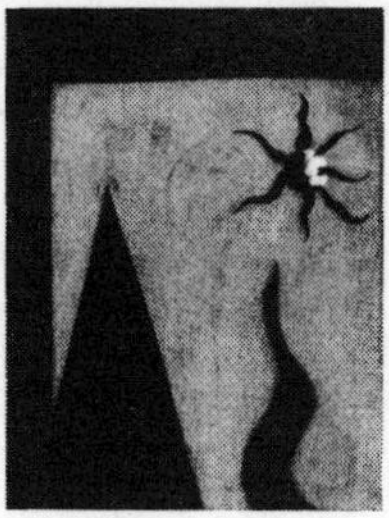

BECK & GLÜCKLER

CAMILLA CEDERNA

ITALIEN GESTERN, ITALIEN HEUTE

Italienische Impressionen

Aus dem Italienischen
von Ulrich Hartmann

BECK & GLÜCKLER

Titel der Originalausgabe:
VICINO E DISTANTE
Gente, ambienti, salotti, usi, costumi:
impressioni sull'Italia di ieri e di oggi

Deutsche Erstausgabe
1. Auflage 1988

Lektorat: Hans-Peter Glückler
Übersetzung: Ulrich Hartmann
Umschlagdesign: Book Graphics
Gesamtherstellung: Freiburger Graphische
Betriebe, Freiburg i.Br.

Printed in West Germany
ISBN: 3 924175 36 5

Inhalt

Diebe von gestern

Hauptsächlich zwei Themen sind es, die einem «in Gesellschaft», wie es einst hieß, begegnen können: Traum- und Reiseerzählungen. Sie erzeugen bei den Zuhörern eine Art geistige Abwesenheit, und die Erzähler sind gemeinhin echte Nervensägen, nur glücklich, wenn man sie endlos monologisieren läßt. Ganz zu schweigen von dem «tiefes Koma» genannten Professor, der seine Dias von der Osterinsel oder aus China, wie er es gesehen hat, zeigen will: nur mysteriöse phallische Statuen oder Ententeiche, Sonnenuntergänge über Ententeichen, Lotosblumen und Fahrräder. Detailreich und tödlich langweilig.

Vor etlichen Jahren ist allerdings ein weiteres Thema hinzugekommen, das die Schleusen des Redeflusses öffnet, nämlich Einbruch und Raub. Doch in diesem Bereich ist die Kasuistik breiter, und einige der damit verbundenen Mißlichkeiten entbehren nicht eines gewissen Interesses.

So kehrt man etwa an einem Augustsonntag, dem freien Tag des Portiers, vom Land zurück nach Hause – und die Wohnungstür ist eingeschlagen. Im Schlafzimmer auf einem unglaublichen Haufen alle Kleider, Pullover, Jacken und Mäntel mit umgedrehten Taschen, Dutzende von Schubladen darüber ausgeleert; nicht nur sind alle Belege für die Steuer zerknüllt oder zerrissen, sondern liegen da auch Dinge, die dazu bestimmt waren, dem Vergessen anheimzufallen, alte Liebesbriefe (hatte man die nicht verbrannt, an höchst geheimen Orten versteckt, allerbesten Freunden anvertraut, die sie post mortem vernichten sollten?), Botschaften dahingeschiedener Prälaten an Verwandte, die nun auch schon im Jenseits; unechte Ketten, die Leopardenjacke (aus Nylon), wütend mit Füßen getreten, und außerdem: die Gemälde zur Wand gedreht, die Bücher aufgeschlagen und zu Boden geschmettert, das Bett zerwühlt und Kleinigkeiten, an denen man hängt, zertrümmert und wie Abfall auf den schändlichen Berg geworfen – zuerst hat man einen Geschmack von Asche im Mund.

Geld und die wenigen echten Schmuckstücke sind natürlich weg (und zwar alle). Die vor kurzem erneuerte Versicherung, bei der ein Vertreter überzeugend zur Prämienerhöhung riet (die Prämie wurde erhöht), wird keinen Heller dafür zahlen. Im Kleingedruckten (als es darauf ankam, selbstverständlich nicht gelesen) steht doch tatsächlich, daß allein Gemälde und Teppiche versichert sind, allerdings nur, wenn man eine gepanzerte Haustür hat. Am Ort des schlimmen Geschehens erscheinen das Überfallkommando, die Spurensicherung und der Polizeischlosser, der die Tür wieder in Ordnung bringt. Auf der Wache wird die Anzeige aufgenommen. (Ganz zerknirscht tippt der Beamte seine blumige Prosa: «Bei der Rückkehr aus X fand Fräulein Y zu ihrer unliebsamen Überraschung ihre Wohnung in großer Unordnung vor...»)

Später dann bekommt das Opfer des Diebstahls eine Reihe von Anrufen. Freunde und Bekannte melden sich, denen das gleiche passiert ist: an einem langen Wochenende im letzten Sommer; im vergangenen Winter in den anderthalb Stunden, als die Freundin eben im Restaurant um die Ecke war (und in der kurzen Zeit all die wertvollen Schmuckstücke aus ihrem sicheren Versteck geholt wurden); während der Sommerferien, als die Vettern noch Urlaub in Griechenland machten – und immer diese hemmungslose Zerstörungswut, dieses Durcheinander, als hätte eine Bombe eingeschlagen.

«Aber du hast noch Glück gehabt», sagt man der Geschädigten. «Haben sie dir nichts als Souvenir dagelassen?» Oft nämlich bleibt neben dem gräßlichen Haufen noch Schlimmeres zurück: die Exkremente der Diebe. So geschehen in einem herrschaftlichen Haus, dessen Teppichboden mit übelriechenden Markierungen übersät war. Als die Familie nach dreitägiger Abwesenheit (langes Wochenende, die Stadt leer) heimkehrt, schreit der Mann, seines Zeichens Arzt, bevor er die Pyramide entdeckt: «Cholera!» Es ist der Gestank nach Infektion, Lazarett und Tod, der ihn in der Kehle würgt, und als er sich an Papier- und Kleiderbergen, umgestülpten Schubladen, aufgebrochenen Klappen und leeren Schachteln vorbei bis zu den zwei Bädern vorgekämpft hat, sieht er die seit drei Tagen offenstehenden, bis zum Rand gefüllten Klosettbecken. Die Wasserspülung war vermutlich nicht gezogen worden, um eventuelle Nachbarn nicht zu alarmieren. Und offenbar, so der Eindruck des Arztes, hatten die behandschuhten Einbrecher (sie hinterließen keine Fingerabdrücke) große Mengen Abführmittel genommen, bevor sie die Sauerei anrichteten.

Doch noch bestürzter und wütender war jene Familie,

die ebenfalls einen Kurzurlaub unternommen hatte und bei der die Einbrecher, da sie nichts fanden, was sie hätten mitnehmen können, nicht einmal einen kleinen Ring, einen Umschlag mit Geld oder einen Pelz von einem gewissen Wert, wenigstens ihre Visitenkarte hinterlassen wollten. Der eine, bei dem es immer gerade geht, hatte in der Küche seine Pflicht getan, und zwar in den Mixer. Dann hatte man den Deckel abgenommen und das Gerät eine halbe Stunde laufen lassen. In welchem Zustand die schmucke Stube bei Rückkehr der Hausfrau war, kann man sich nur mit gebührendem Schrecken vorstellen.

Eine zerstreute Freundin, die nur eben nach unten geht, um Zigaretten zu holen, ihre Wohnungstür angelehnt läßt und sich vielleicht zehn Minuten lang auf der Straße mit einem Bekannten unterhält, trifft bei der Rückkehr in ihrem Zimmer einen distinguiert und leicht melancholisch wirkenden Herrn an, der gerade die oberste Schublade ihrer Kommode durchwühlt. Gewiß ist die Frage, die sie ihm stellt, banal und gleichzeitig unvermeidlich: «Was machen Sie denn da?» Die Antwort hingegen, die er recht ruhig darauf gibt, während er seine Hände aus der Schublade nimmt, ist außergewöhnlich: «Ich habe Herrn Rossi gesucht.» – «Aber das hier ist die Wohnung X. Gehen Sie bitte!» Der Herr entfernt sich mit freundlichem Gruß, und die Verblüffung ist so groß, daß die Geschichte ohne Folgen bleibt, ja die Wohnungsinhaberin sogar für den Fremden weiterhin so etwas wie Bewunderung hegt.

An solche Geschichten schließen sich dann Dutzende über Straßenraub an. Einer älteren, eleganten Dame nähern sich an der Ecke Via Spiga / Via Sant'Andrea zwei nette Jungen auf einem Mofa und fragen höflich, ob sie wisse, wo die Via Scippetti (also etwa: die Kleinraubstraße) sei. Die Dame runzelt ein wenig die Stirn: «Es fällt mir gerade nicht ein, wartet einen Augenblick.» Aber sie warten keineswegs, sondern reißen ihr im Wegfahren mindestens zehn Goldkettchen vom Hals.

Sozusagen zu jeder Tages- und Nachtzeit kommen die Opfer solcher Überfälle auf die Polizeiwache und versuchen, aus der kilometerlangen Reihe der in Alben eingeklebten Photos junger Männer mit wallendem Blondhaar oder kahlgeschorenem Kopf ihre jeweiligen Angreifer herauszufinden. Eine in Mailand für ihren scharfen Verstand und ihre Schlagfertigkeit bekannte Dame wird eines späten Nachmittags mitten im Zentrum von zwei Jungen angesprochen (der eine mit erblondeter, schulterlanger Mähne, der andere unauffällig): «Haben Sie Feuer?» Und als sie ihre Handtasche durchwühlt, verkündet einer der beiden: «Das ist ein Überfall!» – «Ach Jungs, seid ihr einfallslos», antwortet sie. «Überlegt euch doch mal was Neues, sogar im Fernsehen sagen sie das nicht mehr.» Während sie noch dabei ist, ihnen andere Formulierungen vorzuschlagen, mit denen man einen Überfall in Gang setzen könnte, reißt ihr der Blonde ihre Kette mit Herzchen und Medaillons vom Hals. Sofort beißt er in eins, kaut fast darauf herum, wirft es dann auf die Erde und sagt voll Verachtung: «Fiorucci» (ungelogen). «Her mit dem Portemonnaie!» heißt die zweite Forderung – und so verschwinden mit den beiden schlaksigen Burschen, die sich nicht einmal allzu eilig davonmachen, siebzigtausend Lire.

Von Mailand geht es nun in den Veneto, in eine schöne palladianische Villa voller Gäste. Die Hausherrin ist eine vornehme Erscheinung, deren allabendliche Riten zur Sicherung von acht Stunden Schlaf allen Freunden seit Jahren bekannt sind. Sie nimmt zwei Tabletten mit einem

Glas Wasser, steckt sich rosa Wachsstöpsel in die Ohren, löscht das Licht und setzt sich ihre schwarze Schlafmaske auf. Doch als sie die eines Morgens abnimmt, sieht sie, daß das Licht im Zimmer brennt. Eine Unachtsamkeit ihrerseits ist ausgeschlossen; nie weicht sie von der logischen Folge ihres Einschlafrituals ab. Also schaut sie um sich und bemerkt, daß die Schubladen aufgerissen, Geld und Juwelen verschwunden sind. Schließlich entdeckt sie ein Kärtchen auf dem Kissen, gleich neben ihrem wohlfrisierten Kopf: «Danke Contessa, Sie haben uns die Sache erleichtert.»

Auf der Straße kann es geschehen, daß ein Blinder mit weißem Stock und schwarzer Brille eine Frau fragt, ob sie ihm freundlicherweise auf die andere Seite helfen könne. Selbstverständlich. Langsam macht man die ersten Schritte – und plötzlich entreißt der falsche Blinde der Frau mit einem heftigen Ruck die Handtasche und sucht das Weite. («Ein Wunder!» ruft ein etwas begriffsstutziger Passant aus, statt ihn zu verfolgen.)

Als letzte nun die schönste Straßenraubgeschichte; sie ereignete sich vor ein paar Jahren. Ein Ingenieur geht mit seinem Hund nach draußen, damit der sein Geschäft erledigen und ein bißchen laufen kann. Es regnet. Die Straße, auf der Herr und Hund unterwegs sind, ist, bevor sie auf einen Platz mündet, eng und ziemlich düster. Nach einigen Schritten nähert sich unserem Ingenieur ein Passant, den man für einen friedlichen Menschen halten würde, und bittet ihn um Feuer für seine Zigarette. Die beiden Schirme kollidieren miteinander, der Bittsteller schließt seinen, kommt dabei dem Ingenieur, der nach seinem Feuerzeug sucht, zu nahe und stößt ihn leicht an. Als die Zigarette brennt, bedankt sich der Mann und geht weg.

Doch nun bekommt auch der Ingenieur Lust zu rauchen, tastet nach einer Zigarette und bemerkt, daß seine Brieftasche aus der Jackeninnentasche verschwunden ist. Er rennt also hinter dem anderen Mann, der noch zu sehen ist, her, hetzt seinen Hund auf ihn und schreit, als er ihn einholt: «Die Brieftasche! Die Brieftasche!» Kreidebleich und zitternd gibt der sie ihm sofort heraus, und höchst zufrieden kehrt unser Ingenieur nach Hause zurück. Dort nun findet er auf dem Nachttisch seine eigene Brieftasche, die genauso aussieht wie die andere und die er daheim vergessen hatte.

Tief beschämt öffnet er die fremde Brieftasche und schaut sich den Ausweis des Mannes an, den er unwillentlich beraubt hat. Auch er ist Ingenieur. Er ruft ihn an und entschuldigt sich, so gut es geht. «Wenn sie wüßten, welche Angst ich gehabt habe», sagt sein Opfer. «Ich habe mich noch nicht erholt. Ihr Gesicht und der aufgerissene Rachen Ihres Hundes – ich habe gedacht, ich wäre verloren!» Ende des Abenteuers. Zwei Tage später ein Essen im Restaurant (ohne Hund) und der Beginn einer Freundschaft.

Diebe von heute

Die Jahre gehen dahin, doch Diebstahl ist keine vorübergehende Erscheinung, eher wird es immer schlimmer damit. Die Zahl der Opfer steigt also, und einige sind inzwischen von Plünderung und Entweihung geliebter Gegenstände so stark mitgenommen, daß sie zum Analytiker gehen müssen, um sich wieder in Ordnung bringen zu lassen.

Unter den Einbrechern, die noch nie so frech wie heute triumphiert haben, gehen diejenigen besonders zweckmäßig vor, die Renovierungsarbeiten an Häusern nutzen, um auf die Gerüste zu klettern; um so besser, wenn das Gebäude zwanzig Stockwerke hat und von vielen Bäumen umgeben ist. Im blauen Arbeitsanzug können sich die Diebe unter die Handwerker mischen und feststellen, welche Wohnungen leer sind. Dann, im Schutz der Dunkelheit und nach vorherigem Telefonanruf, beispielsweise in dem Appartement im vierzehnten Stock, das aussah, als ob niemand daheim sei (und wo sich natürlich niemand meldet), klettern sie wie die Katzen nach oben. Türen oder Fenster aufzubrechen ist für die Spezialisten kein Problem; und dann kann man die Kissen aufschlitzen und kostbare Dinge hineinstopfen, Holzstatuetten aus dem 15. und preziös gerahmte Zeichnungen aus dem 18. Jahrhundert oder teuren Jugendstil-Nippes. Unten auf dem Bürgersteig steht ein Auto, mit dem Diebe und Diebesgut verschwinden werden.

Glück hingegen hat eine alleinstehende Frau, die am Sonntag abend von einem Ausflug aufs Land heimkehrt und ihre (offenbar nicht perfekt) gepanzerte Wohnungstür aufgebrochen findet; durch ein großes Loch im unteren Teil kann man bequem einsteigen. Schon in Panikstimmung, erschrickt sie noch mehr, als sie im Wohnzimmer einen Unbekannten entdeckt, der auf ihrer Couch liegt und zu schlafen scheint. Doch der Mann mittleren Alters mit den strohblonden Haaren und dem roten Gesicht ist nicht eingeschlafen, sondern so betrunken (eine leere Whisky- und eine halbleere Wodkaflasche auf dem Teppich), daß sie ihn aus der Nähe betrachten kann wie ein von einer seltenen Spezies faszinierter Insektenforscher.

Die Ankunft der Wohnungsinhaberin läßt den Mann gänzlich unbeeindruckt. Er liegt da und gibt ein gleichmäßiges Gurgeln von sich, während er auf seinem Pullover die Halsketten der Dame zur Schau trägt; ihr Nerz ist ihm von den Beinen heruntergerutscht. So kann die Eigentümerin in aller Ruhe das Überfallkommando rufen und die Beamten zu ihm führen. Sie nehmen sich des Bewußtlosen an und ihm den Schmuck ab, durchsuchen seine Taschen und finden darin das Portemonnaie und Geld der Dame.

In letzter Zeit kümmert man sich um Leute, die Luxuswohnungen und vielleicht Kunstsammlungen oder einsam gelegene Zweithäuser auf dem Land besitzen. Sagen wir, die begüterten Herrschaften sind noch unentschlossen, ob sie ihre Villa in einen Bunker verwandeln oder ohne die Wärme der in Jahren liebevoll zusammengetragenen Gegenstände leben sollen – da erreicht sie der Brief einer Broker-Agentur, die mit dem Verkauf von Häusern und Grundstücken befaßt ist und einen Pool bekannter Versicherungsgesellschaften vertritt. Angeboten wird ein günstiger Vertrag, eine auf die Bedürfnisse des Kunden abgestimmte Versicherung. Falls Interesse besteht, wird ein Vertreter vorbeikommen und alles erklären. Im Versicherungsfall sind die Leistungen enorm.

Es kommt also der Repräsentant des Unternehmens, ein Mann von angenehmen Äußerem; sportliches Sakko, dezentes Rasierwasser; doch er hat mehr als eine oberflächliche Eleganz und gute Manieren; sein ganzes Auftreten schafft Vertrauen. Er bittet um eine Reihe eingehender Informationen, um einen Kostenvoranschlag machen zu können. Welcher Besitz ist der wertvollste, teuerste, gewinnträchtigste? Und wer gibt auf das Landhaus acht? Wann ist man mit der Familie da? Die Angestellten in Mailand haben am Wochenende zwei

Tage frei, und niemand ist in der Wohnung? Gibt es einen Wachdienst auf dem Land? Wie werden die Alarmanlagen ein- und ausgeschaltet? (Man erhebt sich, um sie zu besichtigen und zu testen.) Die Herrschaften können ganz beruhigt sein; höchstens acht Tage, und man wird einen äußerst günstigen Vertrag ausgearbeitet haben. Doch bevor die acht Tage um sind, ist eine der beiden Wohnungen von dem über alle Gewohnheiten, Eigenheiten und Vorsichtsmaßnahmen seiner Opfer informierten Broker ausgeräumt.

Es muß eine Schule für Einbrecher geben, wo man die neuesten und immer sichereren Methoden lernen kann. Beispiel: Ein Berufstätiger kommt am Abend mit dem Auto nach Hause. Er öffnet das elektronisch gesicherte Gittertor des Appartementhauses, in dem er wohnt, und bemerkt nicht, als er in die Tiefgarage fährt, daß zwei Männer hinter ihm hineinschlüpfen. Als er aus der Garage wieder nach oben kommt, hält man ihm eine Pistole an die Schläfe. «Keine Geschichten, bring uns in deine Wohnung!» Seine Frau und seine Kinder werden gefesselt, die Telefonschnüre durchgeschnitten, die Dinge, die den Einbrechern am interessantesten vorkommen, in große Koffer gestopft. Doch das ist noch nicht alles. Weiterhin mit vorgehaltener Pistole bedroht, wird der Mann gezwungen, die beiden Eindringlinge zum Appartement einen Stock höher zu begleiten. Der Beraubte muß sich unter irgendeinem Vorwand öffnen lassen. Die Szene wiederholt sich: Die Familie wird gefesselt und geknebelt, dem Hausherrn «Schmuck und Geld her» befohlen. Sofort danach legt man auch ihm Fesseln an, und wenn er sich wehrt, bekommt er vielleicht noch mit der Waffe einen Schlag auf den Kopf.

Dieben dieser Spezies ist es vor kurzem allerdings

schlecht ergangen. Denn als sie sich, nachdem sie in einer Wohnung schon reiche Beute gemacht haben, zu der darüber begleiten lassen, wissen sie nicht, daß der bereits Beraubte (dritter Stock) und der noch zu Beraubende (vierter Stock) seit langem verfeindet sind, sich gegenseitig nicht ausstehen können und nicht grüßen. Und als der unfreiwillige Begleiter der Einbrecher sagt, wer er ist, und dazusetzt: «Könnten Sie mir vielleicht eine Zitrone geben?», antwortet der Nachbar, da er weiß, daß sein Feind nie und nimmer und schon gar nicht zu so später Stunde kommen und ihn um einen Gefallen bitten würde, ohne die Tür zu öffnen: «Entschuldigung, aber ich bin halb nackt; ich ziehe mir schnell etwas über und schaue dann in der Küche nach, ob ich eine Zitrone finde.» Statt dessen ruft er die Polizei. Höchste Dringlichkeit – als die Beamten kommen, stehen die drei noch auf dem Treppenabsatz.

Wachhunde für den Landbesitz? Ja doch, die gibt es, und sie waren nicht billig; schließlich wurden sie in Deutschland oder Jugoslawien abgerichtet. Aber sind sie erst einmal in der Brianza oder am Gardasee, werden sie aus unerfindlichen Gründen zahm wie Blindenhunde, ja geradezu einfältig und schlapp (vielleicht bekommt ihnen die Luft nicht, vielleicht gehorchen sie nur ihren ausländischen Ausbildern). Die Wachmänner kennen die Kommandos in der fremden Sprache nicht, mit denen man sie auf einen Gegner hetzen kann, und so bleiben die Bestien still vor den Dieben stehen, während sie ab und zu, ohne ersichtlichen Grund, die Wachmänner beißen oder Gäste angreifen.

Eine andere, zudem auch noch gewalttätige Art von Dieben ist Mitte der 80er Jahre zwischen vierzehn und achtzehn Jahren alt. Nachsichtig nennt man sie «teppistelli» [«Rowdychen»], «paninari» (nach dem ersten von ihnen frequentierten Lokal «Il Panino» [«Das Sandwich»] an der Piazza Liberty oder auch «burghini» (von «Burghy», Ecke Piazza San Babila / Corso Europa, dem bekanntesten Restaurant für Hamburger mit Zwiebeln, Gürkchen und scharfer Soße).

Sie stammen aus reicher Familie, sind fast alle rechts. («Und warum?» – «Weil das modern ist.») Ihr Wortschatz ist beschränkt, ihre Bildung auch, ihre Ideologie verschwommen, doch einige sind Mitglieder des neofaschistischen «Fronte della Gioventù». Sie rühmen sich, die Nachfolger der «sanbabilini» der 60er Jahre zu sein. Ihre Uniform besteht im Winter aus einer wattierten, grünen oder dunkelblauen Fliegerjacke mit einem Futter in fluoreszierendem Orange, Timberland-Boots oder Stiefeln mit Sporen, dazu Burlington-Strümpfe mit Karomuster. Bürstenschnitt, ewig solariumbraun, viel Brillantine. (Im Sommer tragen sie Hosen in Pastellfarben und Hawaiihemden.)

Sie fahren eine rot-metallic Laverda oder eine graue Zündapp und treffen sich auf der Piazza San Babila, wo sie sich bandenähnlich zusammenrotten und die Punks angreifen. Die Polizei, die neulich mit einer Hundertschaft dazwischentreten mußte, um einen harten Zusammenstoß zwischen den beiden Gruppen zu vermeiden, fand in den Abfallkörben der Gegend Klappmesser, Eisenstangen, Bolzen und Ketten.

Sie halten sich auch in der Nähe der Privatschulen San Carlo und Leone XIII oder des naturwissenschaftlichen Gymnasiums Oppenheimer auf. Zwar geben sie damit an, in Läden und auf Märkten zu klauen, doch ihre großen Heldentaten sind andere: Wenn sie erfahren, daß irgendwo ein Fest mit Gleichaltrigen stattfindet, klingeln sie an der Haustür, geben sich über die Sprechanlage als Freunde aus und stürmen dann die Treppen hoch – und wenn sie kommen, kann einem wirklich angst und bange werden.

Sehr oft nämlich stecken sie irgend etwas ein und lassen Platten mitgehen; wenn sie in Wut geraten, zertrümmern sie Scheiben, Spiegel, Vasen, Stühle. Hin und wieder machen sie auf den Treppen Feuerlöscher leer. Manch einer von ihnen hat eine halbe Million Lire in der Tasche, fast alle rauchen Joints, einige «koksen», wie es allgemein heißt. Auch Mädchen gehören zu ihnen; auf der Piazza Babila kann man sehen, wie sie ihre Kumpane mit faschistischem Gruß grüßen.

Bei den letzten Frühsommerfesten in großbürgerlichen Häusern haben die Eltern einen verläßlichen Wachmann mit scharfen Hunden an der Sprechanlage postiert. Ausweise wurden kontrolliert, mit den Namen auf der Gästeliste verglichen und unerwünschte Besucher auf diese Weise ferngehalten.

Die kranke Kette

Mindestens einmal im Jahr ziehen sich die feinen Damen von Mailand an, als wollten sie vor dem Abendessen vornehmen Freunden ihre Aufwartung machen. Alle nennen ihrem Chauffeur diesselbe gute Adresse, betreten den schmucken Palazzo, und wenn sie im Atrium die anderen sehen, grüßen sie sich freundlich. Das Haus ist hell erleuchtet, auf den Tischchen stehen wundervolle Blumen, in den Vitrinen funkeln goldene Stücke, von den Gemälden lächeln Madonnen, und am Fuße der breiten Treppe plätschert der schöne Barockbrunnen. Immer gibt es in diesem hocheleganten Haus etwas Neues zu bewundern, doch nie werden die Gäste von den Herrschaften empfangen.

So auch am Donnerstag, dem 13. Oktober 1960, als sich die schönen Damen kurz nach achtzehn Uhr mit Silberfuchskragen und Kopfschmuck aus Marabufedern oder Kragen aus Marabufedern und Silberfuchshütchen, einen Cocktail in der Hand, am Fuße der prächtigen Treppe einfanden; und wie immer bestand die Begrüßung des Hausherrn lediglich in einem kurzen Aufschauen zu dem stattlichen Mann mit kastanienbraunem Bart, rosiger

Haut und karierter Weste, der am Eingang mit mildem Blick auf Cocktails, Füchse und Marabus hinuntersah – von einem großen Bild, gemalt von Hayez.

Und so pflegte der Marchese Gian Giacomo Poldi Pezzoli, feinsinniger Kunstsammler und Mäzen aus Mailänder Adel, in der Tat vor über achtzig Jahren seine Gäste zu begrüßen. 1879 hinterließ er seine Wohnung und deren gesamte Einrichtung der Stadt Mailand «zum fortgesetzten Gebrauch und Nutzen der Öffentlichkeit».

Von Bernard Berenson als Beispiel klugen Sammelns mit der Londoner Wallace Collection und der New Yorker Frick Gallery verglichen, im Ausland eher als getreues Abbild einer Privatwohnung im Stil der damaligen Zeit denn als Kunstgalerie berühmt, ist dies ein Haus, das bei seinen Besuchern nicht den bekannten «Museumskoller» auslöst, ja ihnen nicht einmal die befürchteten müden Füße beschert. Immer hat das Poldi Pezzoli die Mailänder (und nicht nur sie) angezogen, sie meist schon von Kindheit an fasziniert.

Werktags von der Lehrerin geführt oder sonntags an der Hand des Vaters, haben hier Kinder aus allen Schichten Werke der Malerei kennen- und liebengelernt. Dazu gehören vor allem die *Mystische Hochzeit der hl. Katharina von Siena* von Bernardino Luini, das *Bildnis einer jungen Frau* von Antonio Pollaiolo, die *Madonna mit Kind* von Giovanni Antonio Boltraffio, wo der Jesusknabe beinahe aus dem Schoß Mariens zu fallen scheint, weil er nach einer Rose greift, die ihm aus der Hand geglitten ist, und das *Ecce Homo* von Andrea Solario, das Jesus blutend und weinend zeigt.

Doch noch andere unauslöschliche Kindheitserinnerungen sind mit diesem kleinen Museum, von dessen Fenstern aus man im Winter die triefenden Pinien und

Zedern in dem schönen, versteckten Garten sehen kann, verbunden: Da sind zum Beispiel die Bogenschützen mit Turban auf dem Rücken von roten und blauen Pferdchen, die Rehen hinterherjagen – auf dem wundervollen Perserteppich, der gewiß der älteste von allen auf der Welt ist, im goldenen Salon; da sind die silbernen türkischen Krummsäbel, und da ist auch Dalila: mit gleichmütiger Grazie hält sie Samson, der in Überrock und Pantoffeln friedlich in ihrem Schoß schlummert, während, halb hinter dem Mantel verborgen, ein Page ihm langsam die Haare abschneidet (auf dem Gemälde von Francesco Morone).

Damals standen wir auch lange vor *Gottvertrauen* von Lorenzo Bartoloni und wunderten uns nicht wenig darüber, daß der Bildhauer mit diesem hübschen nackten Mädchen, das man auf eine Drehscheibe gestellt hatte, damit man es von allen Seiten bewundern konnte, den tiefen Schmerz und die tugendvolle Schicksalsergebenheit von Donna Rosa Trivulzio, der Mutter von Gian Giacomo Poldi Pezzoli, die schon mit dreiunddreißig Jahren Witwe geworden war, hatte darstellen wollen. Und im Chor murmelten wir die Zeilen, die Giuseppe Giusti diesem zarten Geschöpf aus Marmor gewidmet hatte («Der sterblich' Hülle fast vergessen / entrückt zu Ihm, der gern vergibt...»). Nur mit Mühe konnten wir uns also von jenem Raum lösen, der zu den weniger schönen des Hauses gehört, einst dem Marchese als Arbeitszimmer diente und auch «Saletta di Dante» genannt wird. Zwar wußten wir nicht, daß die reiche Ausschmückung des Raums eines der charakteristischsten Beispiele für den neugotischen Blumenstil der Spätromantik des 19. Jahrhunderts ist; dafür waren wir aber ganz und gar beeindruckt von der betrübten Miene, die Dante auf einem der Glasgemälde trotz seiner scharlachroten Strumpfhose zur Schau trägt, von der leicht störrisch wirkenden Gebärde Beatrices, von Paolo und Francesca, die in getriebenem Kupfer oberhalb des Kamins von dem Schwert Gianciottos bedroht werden, während über all dem eine unglaubliche kleine Kuppel aus Stein und zisiliertem Gold schwebt.

Und eben in diesem an das Schlafzimmer angrenzenden Raum erlitt der Hausherr einen Anfall von Angina pectoris – vermutlich stand er, wie es seine Gewohnheit war, aufrecht an seinem Lesepult aus vergoldeter Bronze neben der Büste seiner Mutter, die er gerne mit den Ketten schmückte, die sie zu Lebzeiten getragen hatte – und stürzte zu Boden. Da die Diener ihn in gelehrte Betrachtungen versunken glaubten, wurde seine Leiche erst am nächsten Morgen gefunden. So stand es damals in der «Perseveranza» und im «Corriere» zu lesen. In einer grausameren Version, die sich später als falsch herausstellte, hieß es, er sei an einem Schlaganfall gestorben, als er gerade einige Münzen in den Geldschrank legen wollte und die Tür in diesem Augenblick hinter ihm zugeschlagen sei. Es gab also genug, was die Phantasie von Kindern anregen konnte. Bei mir selbst kommt noch die Geschichte eines Armbands hinzu, das ich als kleines Mädchen geerbt hatte. An der massiven Kette baumelte ein goldener Anhänger mit einem Schnappschloß, auf dessen einer Seite «Amen» und auf der anderen die Jahreszahl «1877» zu lesen stand. Mit riesengroßer Freude hatte ich gelernt, wo man drücken mußte, damit das Schloß aufsprang und eine Reihe von Rundbildchen zum Vorschein kamen. Eines dieser Porträts zeigte den bärtigen und milde blickenden Poldi Pezzoli, den gütigen «Paten» meiner gütigen Großtante Camilla (verheiratete Gabba, geborene

Cavezzali), die in Wirklichkeit seine von ihm sehr geliebte uneheliche Tochter war. Immer wenn ich im Museum war, ging ich zusammen mit meinen Freundinnen zuerst zu dem Gemälde von Hayez, um dem Marchese einen speziellen Besuch abzustatten, und dann zu der schönen Madonna des aus Cremona stammenden Cristoforo Moretti, bei der unten am Rahmen meine Großtante Camilla als Stifterin vermerkt ist.

Als Tante Camilla starb, hinterließ sie dem Museum neben weiteren Gemälden und einigen schönen, mit Intarsien verzierten Möbeln eine sehr kostbare sechsreihige Perlenkette, wie auch Königin Margherita eine besaß. Zuerst verschloß man sie im Safe, dann wurde sie hinter Panzerglas ausgestellt. Im Laufe einiger Jahre jedoch waren manche Perlen langsam unansehnlich geworden und ließen den endgültigen Verfall eines so wertvollen Schmuckstücks befürchten. Zunächst erwog der Museumsrat, die Kette außer Haus zu treuen Händen bzw. Hälsen zu geben, damit sie durch den Hautkontakt ihre alte Schönheit wiedererlange. Doch dann traf man eine klügere Entscheidung. Man bot die Halskette zum Kauf an, ein Amerikaner erwarb sie, und das Museum Poldi Pezzoli konnte sich einige Neuanschaffungen leisten: Die *Heilige Familie* von Foppa, die *Phantasielandschaft* von Guardi, die *Landschaft* von Canaletto und *Das Kreuz* von Bernardo Daddi.

Es war jener einzelgängerische Adlige Poldi Pezzoli, der von seiner Mutter den Kunstverstand geerbt hatte, welcher in Mailand eine schöne Tradition des Mäzenatentums in Gang setzte. In seinem Testament nämlich bat er die kommenden Generationen, sein Werk fortzusetzen, indem sie das Museum kontinuierlich um Gemälde und kostbare Stücke bereicherten, und hinterließ zu diesem

Zweck eine jährliche Rente von achthundert Lire. Dies fand zu Zeiten von Tante Camilla Nachahmer, die das Museum mit beachtlichen Hinterlassenschaften bedachten. Mit der schrittweisen Geldentwertung jedoch wurde bei Neuanschaffungen die Hilfe der Stadt und verschiedener öffentlicher Einrichtungen in Anspruch genommen.

Im zweiten Weltkrieg wurden die Bestände des Poldi Pezzoli zum dritten Mal, seitdem es eine Sammlung von Wert darstellt, ausgelagert. Zum ersten Mal geschah dies im Jahre 1848, als Donna Rosa Trivulzio nach dem Rückzug der piemontesischen Truppen an die k. und k. Regierung das Gesuch richtet, die Kunstgegenstände zurückholen zu dürfen, die sie aus Angst, daß «Mailand zum Schlachtfeld und Schauplatz weiterer Kämpfe und vielleicht auch einer Besetzung der Häuser werden könnte», verpacken und in zwei Landhäuser bei Como hatte bringen lassen.

Zur zweiten Auslagerung kam es 1915, als die Sammlung in einundvierzig Kisten verstaut und nach Rom transportiert wurde. 1940 schließlich wandern die Gemälde und Kunstschätze wiederum in Stahlkästen und werden zunächst in den unterirdischen Gängen des Castello Sforzesco gelagert, dann auf die Isola Bella gebracht, bis sich, gegen Ende des Krieges, einige Mailänder anbieten, sie vor den Deutschen zu schützen. Es sind die Crespi vom Corso Venezia, die sie in ihrem Haus verstecken.

Als der Krieg zu Ende ist, kann man vom Erdgeschoß des Poldi Pezzoli aus den Himmel sehen; das Museum muß wieder aufgebaut werden, wobei darauf zu achten ist, seinen Charakter als Privathaus möglichst weitgehend zu erhalten, indem man die Stücke in dem Ambiente beläßt, für dessen Verschönerung sie gedacht waren, sie aber gleichzeitig besser präsentiert. Dafür sorgt 1949 der Architekt Ferdinando Reggiori unter Leitung des neuen Konservators. Dies ist ein rühriger, seit vierzehn Jahren in Mailand ansässiger Sizilianer: Guido Gregorietti, Professor für figuratives Zeichnen an der Brera. Er versucht, die Mailänder (von denen viele, wie Poldi Pezzoli von nobler Sammelleidenschaft gepackt, Gemälde, Teppiche, Porzellane und Bronzen lieben) noch enger an das stilvolle Haus des ersten Sammlers der Stadt zu binden. Und mit Hilfe von Privatleuten, die ihre Kollektionen zur Verfügung stellen, veranstaltet er regelmäßig in den Sälen des Poldi Pezzoli eindrucksvolle temporäre Ausstellungen – etwa alter chinesischer Malerei, Holzskulpturen aus dem Mittelalter, italienischen Silbers aus dem 16. bis 18. Jahrhundert –, zu deren Vernissage er «ganz Mailand» einlädt.

Dies hat zum Ergebnis, daß immer mehr Besucher ins Museum kommen (und nicht nur Ausländer, denen es ein Begriff ist) und ab und zu auch ein wackerer Mailänder an seine Visitenkarte einen Scheck über eine Million Lire für das Poldi Pezzoli heftet. Doch nie ist genug Geld da (man möchte den kleinen Sälen, in denen die Werke der lombardischen Renaissance ausgestellt sind, mit schönen Möbelstücken aus dem Cinquecento mehr Wärme geben; über der breiten Treppe soll ein stilvoller Leuchter hängen; das Muranoglas muß besser präsentiert werden; zehn Jahre nach dem Wiederaufbau hat der Rauch der Öfen Decken, Tapeten und *Gottvertrauen* geschwärzt). Daher appelliert der Konservator Gregorietti 1958 in einem leidenschaftlichen Vortrag im Rotary Club an die Mailänder, ihren Museen zu helfen und verweist darauf, daß die amerikanischen ausschließlich durch private Zuwendungen unterhalten werden.

Daraufhin bildet sich eine «Associazione Poldi Pezzoli», zu deren ordentlichen und Fördermitgliedern gegen Zahlung eines Jahresbeitrages die Träger von dreiundsechzig der klangvollsten Namen der lombardischen Industrie (Eisen, Papier, Baumwolle, Seide, Kunstfasern, Pharmaka, Aperitifs, Kaufhäuser) werden. Unterdessen gestehen die Trivulzio dem Museum fünf Zimmer mehr zu; ein Teil davon wird zu Ausstellungs-, der andere zu Büroräumen, die vorher ganz fehlten. Und schließlich sorgen noch zwei Privatleute für den Ankauf von zwei kostbaren Gemälden (*Die heilige Cäcilia* von Bernardo Cavallino und *Der heilige Abt Antonius* von Jusepe de Ribera), die am 13. Oktober 1960 anläßlich der Einweihung des neuen Eingangs dem Publikum zum ersten Mal gezeigt werden.

Die Frau des Mailänder Papierfabrikanten Astorre Meyer hat das vorher zur neapolitanischen Sammlung Giovanbattista Serra di Cassano gehörende Gemälde *Die hl. Märtyrerin Cäcilia* von Bernardo Cavallino, einem Maler des Seicento, der im Poldi Pezzoli noch nicht vertreten war, dem Museum gestiftet. Es handelt sich um ein Werk in der Nachfolge Caravaggios, bei dem – entgegen der Tradition – das Licht von rechts auf die junge Frau fällt, die sich sterbend nach hinten sinken läßt. Die Heilige ist ein außergewöhnlich moderner Typ mit angenehm unregelmäßigen Gesichtszügen, Stupsnase und glatten, herabhängenden Haaren und ähnelt eher einem der hübschen, noch ungeschminkten Mädchen mit künstlich zerzaustem Haar, wie man sie in Begleitung ihrer Eltern bei der Einweihung acht Tage davor sehen konnte.

An diesem Spätnachmittag im Oktober war alles da, was in Mailand Rang und Namen hat: die Förderer des Museums, der Geldadel und der alte Adel, der einen

Verwandten im Poldi Pezzoli hat (wie die Brivio, die auf dem Gemälde von Vincenzo Foppa ihren Ahnen Francesco wiedererkennen, einen blaßgesichtigen, braungelockten Edelmann am Hofe der Sforza mit großer Nase und hoher roter Kappe). Andere alteingesessene Mailänder ohne Verwandte bei Poldi Pezzoli haben dafür Gemälde ihres Großvaters im «Museo d'Arte Moderna» oder können sich im «Museo del Risorgimento» den blutbefleckten Waffenrock eines bei Custoza gefallenen Vorfahren ansehen.

Und einmal mehr erlag man dem Zauber dieses schönen Patrizierhauses. Wie gewöhnlich setzte niemand ein Museumsgesicht auf. Alle schauten die eindrucksvollen Sammlungen von Uhren in Gehäusen aus getriebenem Silber oder die Gemmen oder die auf einzelstehende Staffeleien gestellten Gemälde an, so als ob sie sich im Hause von Freunden befänden, die sich eben für einen Augenblick ins Nebenzimmer begeben haben. Und wie in jedem Jahr gab es wenigstens ein junges Mädchen, das sich in der schönen Frau von Pollaiolo spiegelte, und für die Premiere in der Scala ihre Haartracht studierte: eine Kette fällt in die Stirn, eine zweite ist um den Chignon geschlungen, während ein hauchdünner Schleier allein die Ohren verbirgt.

Ein Alarmschrei

1980, wenig mehr als einhundert Jahre nach dem Vermächtnis dieses außergewöhnlichen Domizils, wie all die schönsten Häuser in Italien und Frankreich «entre cour et jardin» («zwischen dem Garten und den beiden Höfen meines Palazzo in der Via del Giardino 12»), wird – wie es der Stifter zu Lebzeiten gehofft und daher in seinem Testament vermerkt hatte – die Liste der Schenkungen und Restaurationen veröffentlicht.

Es finden sich darauf die verschiedenen Hinterlassenschaften aus der ersten Zeit nach dem Tod des Marchese und die beiden 1973 in bester Tradition lombardischen Mäzenatentums erfolgten außerordentlichen Donationen der Visconti Venosta (wundervolle Gemälde, darunter ein Pinturicchio, ein Palma il Vecchio, ein Guardi, ein Appiani, eine *Madonna mit Kind* von Bergognone und das beidseitig von Raffael bemalte *Prozessionskreuz*) und von Bruno Falck (Sammlung von einhundertzwanzig Uhren aus dem 16. bis 19. Jahrhundert), dann die Sonnenuhren von Piero Portaluppi und die von vielen passionierten Sammlerinnen im 19. und 20. Jahrhundert zusammengetragenen Spitzen.

Und noch mehr in Mailand klangvolle Namen sind unter den Stiftern von Kunstwerken und den Geldgebern, die 1973 die Einrichtung von sieben Sälen finanzieren, zu finden. Zu ihnen gehören Aldo Borletti, Giulia Devoto Falck, Rosina Clerici, Gege Cesana, Teresa Marinotti, Ludovica Pirelli (die zum Gedächtnis ihres Sohnes Giovanni die *Verkündigung* von Jacopo del Casentino stiftet), Gina Origoni Ricordi, Paolo Cornaggia Medici, Giovanni Falck, Giovanna Valtolina und andere mehr.

Bevor ich von den aktuellen Ereignissen erzähle, möchte ich ein wenig in dem Katalog blättern, der 1979 anläßlich einer dem Museumsgründer selbst gewidmeten Ausstellung erschienen ist und eine Vielzahl biographischer Dokumente enthält, von Anlagen zum Testament über Zeitungsabonnements und Familienporträts bis hin zu Briefen an Freunde und Freundinnen. Ein reichhaltiges

Material, aus dem sich ein abgerundetes Bild von Poldi Pezzoli ergibt: in seinen Vorlieben an der Familie seiner Mutter, den Trivulzio, orientiert; beinahe begierig darauf, mit dem berühmtesten Kunstkenner und Sammler der Familie, dem Großvater Gian Giacomo, zu konkurrieren; voller Bewunderung für seine Tante Cristina Belgioioso; ein spröder Charakter, doch beständig in seinen Freundschaften.

Besonders interessant in dem Katalog fand ich das von Giuseppe Molteni angefertigte und von Camilla Gabba Cavezzali hinterlassene Porträt von Poldi Pezzoli als Kind – er sieht reizend aus, und sein Blick wirkt verständig und spitzbübisch zugleich – sowie ein weiteres Porträt, gemalt von Giuseppe Bertini (und ebenfalls aus dem Erbe seiner unehelichen Tochter stammend), auf dem er weniger jung ist als auf dem Bild von Hayez. Mit seinem buschigen Backenbart und dem verhangenen Blick sieht er genauso aus wie auf der Fotografie an dem Armband, das ich als kleines Mädchen geerbt habe. Der Katalog enthält auch ein Bildnis meiner Großtante Camilla, einer Frau, die nicht schön ist, aber dichtes blondes Haar hat und, neben einem Brillanthalbmond, die berühmte Kette mit den vierhundertsiebenundachtzig Perlen in sechs Reihen trägt, was an die Jagdgöttin Diana denken läßt. Als erwachsene Frau hat Poldi Pezzoli sie nicht gekannt, und so lesen wir im Katalog: «Zu den Menschen, die ihm besonders teuer waren, gehörte die junge Camilla Cavezzali, um die er sich aufmerksam kümmerte und die er in seinem Testament bedachte.» (Sie wird sehr liebevoll erwähnt und erbt eine beträchtliche Summe sowie Landgüter in der Poebene.) Und schließlich ist da noch ein Briefchen der fünfzehnjährigen Camilla an ihren «Paten»: «Mein liebster Già, heute nachmittag erhielt ich Deinen freundlichen und lieben Brief, auf den ich schon ungeduldig gewartet hatte.» (Offensichtlich bedankt sie sich für ein Geldgeschenk.) «Mein teurer Già, jeden Tag gibt Du mir einen Beweis Deiner starken und echten Zuneigung...»

Seit 1960 hat das Museum Poldi Pezzoli höchst interessante Ausstellungen ausgerichtet. Die wichtigste seit dem Krieg war die (von Dezember '82 bis März '83 laufende) Ausstellung «Zenale und Leonardo: Tradition und Erneuerung der lombardischen Malerei», quasi eine Aufwertung der lombardischen Malerei des Quattrocento, die seit jeher gegenüber der florentinischen als zweitrangig galt. Bemerkenswert ist, daß alle Gemälde aus Privatsammlungen kamen und nie zuvor öffentlich ausgestellt worden waren. Ein Zenale, ein Bramantino und ein großartiger Butinone aus der Sammlung Borromeo sowie die *Taufe Christi* von Cesare da Sesto (Sammlung Gallarati Scotti), ein zwei mal drei Meter großes Gemälde, das Christus vor einer seltsamen, flämisch wirkenden Landschaft zeigt. Die Ausstellung war ein großer Publikumserfolg; die gebildeten Bürger kamen zu Führungen.

Eine ungewöhnliche Ausstellung, für die 1977 eine große Zahl Frauen aus allen Schichten Interesse zeigten, beschäftigte sich mit einer sicherlich niederen Kunst, nämlich mit schönen alten und antiken Spitzen. Vorher hatte ich nicht gewußt, daß auch ich dem Poldi Pezzoli eine Schenkung gemacht habe, und zwar ein Stück, das zur Sammlung «Spitzen» gehört: Es ist das wundervolle Kleidchen, in dem, bis hin zu meinen Schwestern, meinem Bruder und mir, alle Kinder unserer Familie getauft worden sind: «Taufkleid mit zwei in verschiedenen Mustern weiß bestickten Schleiern, in deren Mitte die Buchstaben L.P.P. eingestickt sind», heißt es auf dem Schildchen (ob P.P.wohl Poldi Pezzoli bedeutet?).

Doch das ist noch nicht alles; was nun folgt, habe ich erst vor kurzem entdeckt: «Geschenk von Camilla Cederna, an die es als Erbe ihrer Großtante Camilla Cavezzali (mutmaßliche uneheliche Tochter von Poldi Pezzoli) mit dem mündlichen Hinweis auf seine Zugehörigkeit zum Hause Poldi Pezzoli gefallen war.» Um es kurz zu machen: Es ist ein Wunder aus Palmetten, Blumenkränzen und -krönchen, weiß auf weiß gestickt, die großen Buchstaben harmonisch eingefügt. Aus welcher Zeit? Datiert wird es auf 1818 bis 1840.

Eine weitere, etwas provokatorische Ausstellung (von Dezember 1980 bis März 1981), die ein breites Publikum anzog, war der Mode im Faschismus gewidmet. Die gezeigten Stücke stammten aus dem Magazin des Castello oder von Mailänder Sammlern. Eine Schau, die Erinnerungen an die Damen von damals wachrief (fallende Kleider aus tiefschwarzem Voile), den Besuchern ein beinahe ungläubiges Lächeln über die erlesene Kleidung D'Annunzios – samt Unterwäsche und Seidenleibchen – entlockte und die jungen Mädchen über die Kriegsmode staunen ließ (Jacken mit enormen Schultern und doppelter Wattierung, Ferragamo-Sandalen mit orthopädischen Korksohlen).

Im Laufe der Jahre hat sich das Publikum sicherlich gewandelt. Neben den museumstreuen «Spitzen der Gesellschaft», von denen viele selber Sammler sind, kommen immer mehr Kinder. Vielleicht gehören die Kinder mit ihrem lebhaften Interesse an den Waffen und Rüstungen, den durchbohrten heiligen Sebastians, den Südtiroler Basreliefs aus dem 15. Jahrhundert oder auch an all den Jesusknaben, die den Brüderchen oder kleinen

Cousins gleichen, zu den eifrigsten Besuchern des Museums. Sie kaufen viele Karten und schreiben in der Schule (manchmal sehr schöne) Aufsätze darüber, was ihnen im Poldi Pezzoli am besten gefallen hat. Zahlreich sind unter den Besuchern auch die Rentner aus dem Industriegürtel um Mailand, die vorher noch nie in einem Museum waren und nun kommen, um sich einmal anzuschauen, wie das Haus eines reichen Herrn von innen aussah. (Eine der letzten Spenden kam von einer Witwe, die sich zu diesem Beitrag «verpflichtet fühlte», weil sie früher gemeinsam mit ihrem Mann jeden Monat eine Art romantische Wallfahrt ins Museum gemacht hatte.)

Freundliche Stimmung, elegante Atmosphäre und berufsständischer Eifer schließlich kennzeichnen die Anfang April 1984 veranstaltete «Woche des blühenden Museums», als sich alle Floristen Mailands mit ihren Kompositionen an einem Wettbewerb beteiligen. Ein wunderschöner Anblick und ein grandioses Spiel mit Formen und Farben; auch die elegantesten Damen erschienen in geblümten Prinzeßkleidern. Man fühlte sich in alte Zeiten zurückversetzt, als die Ausstellungen mit prunkvollen Empfängen eröffnet wurden – in Wirklichkeit jedoch erlebte das schöne Patrizierhaus gerade eine schlimme Zeit: wenig Geld, viele Unstimmigkeiten, Meinungsverschiedenheiten, Auseinandersetzungen.

Im Februar 1984 schlägt das Poldi Pezzoli Alarm und beklagt sich öffentlich. Es kann einfach nicht mehr so weitergehen. Das Museum hat jährliche Einnahmen in Höhe von zweihundert Millionen Lire, muß aber viel mehr, nämlich fünfhundert Millionen Lire, ausgeben, um überleben zu können. Dieses Minus von dreihundert Millionen Lire Ende 1983 bereitet der Museumsleitung schlaflose Nächte.

Wie soll es auf würdige Art unterhalten werden, dieses Museum, von dem es nun in den Zeitungen heißt, es sei die «Blume am Knopfloch» von Mailand, dieses «Kleinod», das der Stadt am Herzen liege, ihr zu «Ehre und Stolz» gereiche und nun «schwer angeschlagen» sei, im «wirtschaftlichen Koma» liege? Und während sich ein «schwerer Schatten» darauf legt, ist viel vom «großen Herz der Mailänder», dem «Rettungsring», der auszuwerfen und der «finanziellen Ausstattung», die zu erneuern sei, die Rede.

Klar und deutlich geäußert hatten sich Professor Alberto Dell'Acqua, Vorsitzender des Verwaltungsrats und der Stiftung, und die Museumsleiterin Alessandra Mottola Molfino. «Wir müssen betteln gehen», so hatten sie den Beschluß der Region kommentiert, ihre Zuschüsse von einhundert auf zweiundsiebzig Millionen Lire zu reduzieren. Wofür das Geld gebraucht wird? Für Strom, Heizung, Nachtwächter, Sozialversicherungsbeiträge (gut 73 Millionen Lire). Es fehlen zwölf Millionen Lire monatlich, um die vierzehn Gehälter bezahlen zu können; man kann sie, die schon seit geraumer Zeit nicht einmal mehr den steigenden Lebenshaltungskosten angepaßt werden, nicht mehr länger zusammenbetteln. Andererseits «wäre es skandalös, das Museum und seine Arbeit leise sterben zu lassen», erklärt Frau Mottola Molfino, eine brünette Römerin mit einem eigenwillig-spitzen Fuchsgesicht, die sympathisch und kampflustig wirkt.

Der Rechtsanwalt Achille Cutrera, auf den man im Rathaus hört, spricht sofort mit dem Bürgermeister über diese katastrophale Situation. Man prüft einen Plan zur Neugründung des Poldi Pezzoli mit einer finanziellen Ausstattung von zwei, besser noch drei Milliarden Lire, die jährlich Zinsen in Höhe von wenigstens dreihundert

Millionen abwerfen sollen, die nur zur Unterhaltung des Museums verwendet werden dürfen. Dies würde die Angst vor dem Ruin für die nächsten zwanzig Jahre aus den prachtvollen Sälen vertreiben. Und warum sich nicht mit einem Spendenaufruf an Bürger und Institutionen wenden, Privatleute um einen Beitrag von drei, Verbände und Unternehmen um einen von fünzig Millionen Lire bitten?

Es beginnt eine Zeit höchster Aktivität, ein Hin und Her von Entscheidungen und Zweifeln; ein Unwetter, eine Reihe von Zusammenstößen, Krieg. Der Vorstand der Stiftung Poldi Pezzoli trifft sich mit dem Bürgermeister, um den Vorschlag einer öffentlichen Spendenaktion genauer kennenzulernen, und der Rechtsanwalt Giangaleazzo Stendardi als Vertreter der Nachkommen des Museumsgründers im Vorstand der Stiftung erklärt sein Einverständnis mit einer Sammlung. Danach wird der Plan von der «Associazione Amici», in der sich die Freunde des Poldi Pezzoli zusammengeschlossen haben und die Museum und Stiftung bei ihrer Arbeit unterstützt, beraten.

Bei einer Sitzung gegen Ende Januar sind die acht Mitglieder des Vorstands sowie die Präsidentin, Donna Alberica dei principi Trivulzio (Präsidentin der «Associazione Amici del Museo», Erbin der Poldi Pezzoli), anwesend. Die Principessa ist eine schöne Frau, die wie eine Kriegerin wirkt, die sich soeben ihrer Rüstung entledigt hat, um sich in Gewänder aus den teuersten Häusern zu hüllen. Man diskutiert also den Projektentwurf; der eine oder andere ist noch unschlüssig. Doch bevor man sich eingehend damit beschäftigen kann, muß sich der Vorstand einen Vortrag der Präsidentin anhören, der einen harten und ungerechtfertigten Angriff auf das

Museum und seine Leitung darstellt. Die erste Überraschung; und am nächsten Morgen das erste Aufeinanderprallen von Vorstand und Präsidentin: Es trifft ein Brief der Principessa ein, geschrieben auf Briefpapier der «Associazione Amici» (und somit in ihrem Namen und dem des gesamten Vorstand, der ganz und gar nichts davon wußte), in dem sie Rechtsanwalt Stendardi beauftragt, sich gegen den Finanzierungsplan auszusprechen, und außerdem ihre heftige Kritik an der Museumsleitung erneut vorbringt. Diese Vorwürfe wird sie in einem Interview mit der Tageszeitung «La Repubblica» wiederholen und dabei, wie schon vorher, nicht als Privatperson, sondern in ihrer Eigenschaft als Präsidentin sprechen.

Möglicherweise betrachtet sie den Vorschlag, zu einer Sammlung aufzurufen, als politische Operation und Werbung mit Blick auf die bevorstehenden Wahlen, vermutet dahinter Intrigen und Komplotte der Parteien. Vielleicht fürchtet sie, aus der «Blume im Knopfloch» von Mailand könnte die rote Nelke Craxis werden? (Es ging das Gerücht, der Ministerpräsident stehe an der Spitze des Unterstützungskomitees der Spendenaktion.)

Inzwischen hat sich ein Garantiekomitee gebildet; zu den Bürgen, die nicht notwendigerweise auch Spender sind, gehören neben Tognoli Rechtsanwälte und Notare, der Assolombarda-Präsident, hohe Tiere der Cariplo, der Banca Popolare und der Banca del Monte, der Rektor der Bocconi und der Präsident der Handelskammer. Erster Mann des Garantiekomitees ist der hitzige Rechtsanwalt Alberto Dall'Ora.

Die Auseinandersetzung wird auch über Leserbriefe an Zeitungen geführt. Rechtsanwalt Stendardi hat inzwischen seine Meinung geändert und weist auf die Gefahr des «Eindringens politisch gefärbter Unterstützung» hin.

Der Bürgermeister findet «die boshafte Interpretation, es gebe Versuche der Sozialisten, ins Poldi Pezzoli hineinzukommen», sonderbar und erklärt, es sei schon immer so gewesen, daß kulturelle Einrichtungen und Vereinigungen, die in einer Krise steckten, den Bürgermeister um Hilfe bäten. Die Stadt denke daher daran, nicht nur ihren Zuschuß für 1984 auf fünfzig Millionen Lire anzuheben, sondern auch, da die Stiftung nur über knappe Mittel verfüge, einen besser ausgestatteten Fonds zu schaffen. Zuletzt wertet der Präsident des Vorstands und der Stiftung Alberto Dell'Acqua «den Vorschlag des Bürgermeisters positiv» und bezeichnet ihn als «eine vollständig mit dem geltenden Statut zu vereinbarende Sonderinitiative».

Unbestritten ist also, daß keine das Vermögen oder die Leitung des Museums betreffenden Ansprüche erwirbt, wer bei der Sammlung einen Betrag zeichnet. Als «bahnbrechend» wird der Vorschlag von dem mit der Aufsicht über die lombardischen Galerien betrauten Professor Luigi Bertelli definiert, da es das erste Mal sei, daß man, statt in Ministerien, städtischen Behörden und den verschiedenen Palazzi zu antichambrieren, zu einer Spendenaktion aufgerufen habe. Und die zeigt Erfolge: Die Cassa di Risparmio und die Banca Popolare spenden gleich je fünfzig Millionen Lire, während die Liste der Privatleute, die ihre drei Millionen schicken, von Tag zu Tag länger wird. Inzwischen ist gesichert, daß es sich um steuerabzugsfähige Spenden handelt.

Alles in Ordnung, könnte man also meinen – doch die kriegerische Principessa gibt noch keine Ruhe. Sie organisiert gegen die Neufinanzierung eine Unterschriftensammlung unter den Mitgliedern der VAMI. Dies ist ein vor drei Jahren von ihr gegründeter und seitdem von ihr geleiteter Museumsbund (die Abkürzung steht für «Volontari Associati Musei Italiani»; Feinde meinen allerdings, das V bedeute, daß es sich um Vipern handle). Damit nicht genug. Für den 10. April beruft sie im Circolo Filologico eine außerordentliche Mitgliederversammlung ein (zu der die Vorstandsmitglieder nicht erscheinen, da sie einen Verstoß gegen Gesetz und Statut darin sehen), bei der sie die acht amtierenden Mitglieder des Vorstands entläßt und ein neuer mit Leuten ihres Vertrauens gewählt wird, der aus acht Männern und einer einzigen Frau besteht (und für den einhundertachtzig von eintausendfünfhundert Mitgliedern stimmen). Bei der überfüllten ordentlichen Mitgliederversammlung am 3. Mai treten die acht Vorstandsmitglieder zurück, mit dem Ergebnis, daß sie sofort bis Ende 1985 wiedergewählt werden. Und trotz des entsetzten Zwischenrufs eines alten Mailänders im Publikum – «Ist euch eigentlich bewußt, daß ihr eine Trivulzio ausschaltet, eine Frau, die Mailand groß gemacht hat?» – wird der Principessa, die nun im Vorstand keine Mehrheit mehr hat, das Vertrauen entzogen. An ihre Stelle tritt der aus altem lombardischen Adel stammende Pierfausto Bagatti Valsecchi, der außerdem noch Vorstandsmitglied der Denkmalschutzorganisation «Associazione Dimore Storiche» und ein Eckpfeiler des Naturschutzbundes «Italia Nostra» ist.

Es wird viel geklatscht, wenn man auch nicht viel davon glauben kann. Hat die Principessa die Direktorin vielleicht kritisiert, weil sie zur unabhängigen Linken gehört? Oder ist sie beleidigt, weil man sie nicht gerufen hat, die Honneurs zu machen, als Prinz Albert von Belgien und ein anderes Mal Fiat-Chef Agnelli dem Museum einen Besuch abgestattet haben? Und kritisiert sie die Führungen deshalb, weil niemand protestiert, wenn eine Lehrerin den Schülern vor dem *Bildnis eines Ritters aus dem Konstantinischen Orden* von Fra Galgario erklärt: «Zu dieser Zeit waren die Armen schlecht gekleidet. Die Reichen dagegen – seht ihr den Prunk, die Löckchen, den Dreispitz, das silberbestickte Wams und seinen arroganten Mund?»

Schließlich jedoch erklärt sich Alberica Trivulzio Ende Mai, vielleicht aus der Einsicht, daß sie verloren hatte, in einem Brief an den Rechtsanwalt Dall'Ora mit der Neufinanzierung einverstanden, weil die Präsidentschaft eines Mannes, wie er es sei, für sie eine Garantie darstelle. Und man hofft weiterhin, daß trotz des «Separatismus» der Edeldame der Fluß von Spenden und Erbschaften zugunsten des Poldi Pezzoli nicht aufhört, damit in Mailand ein Haus überleben kann, das auch Alberto Savinio «eines der schönsten Museen Europas» nannte.

Das Paradies am Meer

Allgemeines. Maratea. Bis vor wenigen Jahren war es nur einigen campingbegeisterten Deutschen, die die Einsamkeit suchten, oder ein paar Italienern, die in dieser Gegend ihren Militärdienst geleistet hatten, bekannt. Es gibt drei Maratea: Maratea superiore, Maratea inferiore und Maratea mare. Zur Sommerfrische geht man nach Maratea mare.

Erste offizielle Nachrichten. Sie standen im Juni 1956 im «Daily Telegraph»: Von einer «Reise in eine Gegend, die anders ist als die anderen», war in der Überschrift des Artikels die Rede. Der Verfasser nannte sie «die große Zehe am italienischen Fuß», Kalabrien also, und davor die Basilicata mit dem wenige Kilometer breiten Zugang zum Tyrrhenischen Meer, wo – «a sweet name» – Maratea liegt. Die kurze Küste der Basilicata und die lange Küste Kalabriens, fuhr der Artikel verwundert fort, seien nicht mehr unwirtlich und öde wie einst. Ein herrlich blühendes und wundervoll abwechslungsreiches Gestade, das dank einiger norditalienischer Industrieller (aus Venetien und Piemont) den Touristen heute behagliche Unterkünfte mit Bad oder Dusche biete. Kein Lärm, keine Fliegen, auch die Mücken ganz und gar verschwunden. In Maratea sei mit dem Santavenere geradezu ein Luxushotel entstanden. Der Boden in verschiedenen Rosatönen gekachelt, auf einer tiefgrünen, dicht mit Zitronenbäumchen bewachsenen Wiese gelegen, öffne es sich dem Gast wie eine frische Muschel.

Erste Gäste. Die Touristen kamen vom Juli 1956 an. Unter den ersten waren ein junger englischer Advokat, ein Cousin von Graham Greene, mit seiner Frau, ein an Botanik interessierter Baron aus Surrey, eine Gruppe ruhiger, von der Unterwasserjagd faszinierter Schweizer – und auch ich, damit beschäftigt, die «Erinnerungen» von Christian Dior zu übersetzen, die in Fortsetzungen im «Corriere d'informazione» erscheinen sollten. (Als sie dann herauskamen, erhielt ich einen Anruf; am anderen Ende ein Mann mit einer etwas heiseren Stimme: «Hier ist Monsignor Giovanni Galbiati, Direktor der Ambrosiana», sagte er und gratulierte mir zu dem Dior-Buch, das er mit Vergnügen gelesen habe. Der 83jährige, ein bedeutender Latinist und Arabist, der oft die Messe auf aramäisch liest, war ein Freund von meinem Großvater. Vor kurzem ist bei Mondadori sein *Iohannis Evangelium apocryphum arabice* erschienen, und er bereitet eine dreibändige «Silloge epigrafica» («Inschriftensammlung») auf italienisch und lateinisch vor. Doch er hat auch die Zeit gefunden, mein erstes Buch *Noi siamo le signore* zu lesen, und kommentiert es in einem kurzen Brief: «Und haben Sie keine Angst, frivol zu sein, denn Frivolität ist eine Gabe, wenn durch eine glänzende Prosa das Ironisieren, das erzählen will, aber auch anprangern möchte, durchgängig und treffend, doch ruhig und gelassen ist.»)

Erster Augenschein. Wer am Abend im Santavenere ankommt, hört als einziges Geräusch Meeresrauschen, das gemeinsam mit hundert Düften der mediterranen Macchia – Wildrose, Pfeffer, Honig, Anis, Minze – durch das Fenster dringt, und sieht keine anderen Lichter als die Sterne. Wenn er am Morgen das Fenster öffnet, wird er eine wunderbare Aussicht haben: jenseits des mit Blumen geschmückten Balkons glitzert, unregelmäßig von schwarzen Klippen, grünen Halbinselchen und Gruppen dichtgewachsener Pinien umrahmt, ein weites und einsames Meer, türkis, grün und am Horizont indigoblau. Kein Boot auf dem Wasser, kein Mensch in Sicht, statt dessen eine tiefe Stille, ein feierliches und ehernes Schweigen, eine so ruhige und ergreifende Schönheit, daß es einem beinahe den Atem verschlägt.

Baden. Wundervoll. Von sanften Felsen gleitet man ins Wasser, schwimmt zwischen ihnen hindurch, läßt sich ab und an auf einem nieder, weich wie ein Plüschkissen, und erreicht die einsamen kleinen Strände (ohne Mücken), die in kurzen Abständen aufeinander folgen. Das Wasser ist kristallklar, der Grund abwechselnd felsig und sandig; auch wer keine Unterwasserjagd betreibt, schwimmt gerne mit Tauchermaske, weil sich die Landschaft unter Wasser mit ihren Fischschwärmen ständig verändert.

Vegetation. Außerordentlich vielfältig. Die Maratea mare umgebende mediterrane Macchia (Geißblattgewächse, Kapern-, Mastix- und Myrtensträucher, Steineichen und Ginster) geht in subtropische Vegetation (Johannisbrot-, Öl- und Feigenbäume, Weinstöcke und Agaven) über, die sich bis Maratea inferiore hinzieht, zum Schutz gegen Piraten in dreihundert Meter Höhe hinter einem Gebirgsausläufer erbaut. Und von dort, über Maratea superiore hinaus, dringt man sogar bis zu Gebirgsflora vor (Eschen, Hagebuchen, Eichen und dichte Wälder).

Küste. Längs der Küste wechseln auf beiden Seiten von Maratea schwarze Felsen, roterdige Hänge, Flußmündungen, Inselchen, breite Buchten und versteckte Grotten, in denen sich die Farben des Meeres ständig verändern, miteinander ab. Zwei Kilometer südlich von Maratea liegt die Serra di Castrocucco, eine Halbinsel, auf der Leonor Fini zweimal in einem Bauernhaus ihren Sommerurlaub verbrachte, dann folgt das erste kalabrische Dorf, das schöne Tortora. Daran schließt sich der endlos lange weiße Küstenstreifen von Praia a mare an; davor liegt, abgeschnitten wie ein Stück Torte und überall von Grotten umgeben, die Isola di Dino.

Charakteristika. In der Macchia von Maratea trifft man auf Eidechsen von nie gesehener Größe, die wunderschön leuchtend türkis·gefärbt sind. An vielen Sommerabenden glitzert es am Meeresufer, weil oben auf dem Wasser phosphoreszierender Plankton schwimmt. Im März hingegen wimmelt es auf dem Meer von Bläßhühnern, Enten und Kranichen, die aus Algerien kommen und sich den ganzen Tag auf dem Wasser ausruhen, bevor sie gegen Abend nach Ungarn weiterfliegen. (Es ist Jagdsaison.)

Frauen. Schön als ganz junge Mädchen, gerades Profil, alle dunkel, betrachten sie sich als direkte Nachfahren der Griechen. Doch in Maratea herrscht Männerüberschuß, und die Frauen sehen, weil sie ständig schwere Lasten auf dem Kopf tragen, früh abgearbeitet aus. Daher gehen die Männer von Maratea auf Brautschau in das Richtung Lauria gelegene Castelluccio, das für den Liebreiz seiner Mädchen bekannt ist, die «wirklich recht und natürlich» sind, wie die Dorfbewohner sagen und damit groß und wohlproportioniert meinen.

Schutzpatron. Der heilige Blasius, den man als große, mit goldenen und silbernen Ziselierungen verzierte Büste bewundern kann, ist der Patron von Maratea; er schützt vor Halskrankheiten. Seine Büste wurde 1806, nachdem Maratea ehrenvoll vor den Franzosen kapituliert hatte, aus der Tiefe des Meeres gefischt. Er hat einen Bart, eine Mitra und am linken Ringfinger einen dicken Ring mit einem Amethyst und Brillanten, den ihm ein nach Brasilien ausgewanderter Dorfbewohner geschickt hat. Beinahe an jedem zweiten Sonntag im Mai wirkt er das Wunder des Manna. Während die Zuschauer beten und in Verzückung geraten, tritt eine gelbe Flüssigkeit, geruch- und geschmacklos, doch heilsam bei jeder Krankheit, auf das strenge Antlitz des Heiligen. Der Pfarrer verteilt sie in Fläschchen an die Besucher des Heiligtums. Vom Turm der Basilika schweift der Blick über den ganzen Golf von Policastro: in der einen Richtung kann man weiter als bis zu dem Vorsprung bei Scalea (der die Form eines Walfischs hat) und dem bei Diamante sehen, in der anderen über das schwarze und mächtige Kap Palinuro hinaus, während man in der Ferne undeutlich die unregelmäßigen Umrisse einer opalenen, im Sonnenglast schimmernden Insel mehr ahnt als sieht: Stromboli.

Was in Maratea fehlt. In Maratea gibt es keine Tanzlokale, Nachtbars, Kinos, großen Straßencafés. Auf den kleinen Plätzen von Maratea Porto treffen sich abends die wenigen Fischer des Ortes. Keine Lautsprecher; nur sehr selten fahren Autos vorbei.

Wie man in Maratea wohnt. Wer es gerne bequem hat, steigt im Hotel Santavenere ab. Italienische Bauernmöbel aus dem 18. und Spiegel mit Goldrahmen aus dem 19. Jahrhundert, alte Drucke, riesige Bäder, Schränke so groß wie ein Zimmer, mit Rosen und Geranien geschmückte Balkons vor jedem Zimmer, internationale Küche, ein gepflegter Weg hinunter zum Meer, in den Felsen Stufen, um ins Wasser einzutauchen. Wer weniger Mittel hat, mietet in Maratea Porto bei Fischern ein Zimmer oder eines der – immer blitzsauberen – Häuschen. Es gibt fließendes Wasser, die Padrona hält alles in Ordnung und kocht. Die abenteuerlustigsten Urlauber zelten an einem der kleinen Strände, zu denen man sich durch die wildeste Macchia durchschlagen muß.

Ausflüge in die Umgebung. Von Maratea ins Landesinnere durch wundervolle Wälder bis zum frischen Becken von Lauria. Gelbe Ginsterböschungen, Kalkfelsen, roterdige Hügelchen, grüne Steilhänge, eichenbestandene Täler, Maisfelder. Die Landschaft verändert sich ständig. Da sind das von Kastanienwäldchen umgebene Trècchina mit seinen einstöckigen, bonbonfarbenen Häusern, der grüne Lago Sirino und schließlich das auf einem Felsvorsprung über dem breiten Flußtal des Noce erbaute Lauria. Zurück nach Maratea fährt man durch eines der lieblichsten Täler der tyrrhenischen Küste (Valle del Noce).

Mit dem Auto kann man an der gesamten kalabrischen Küste entlang bis hinunter nach Reggio fahren. Vorbei geht es an dem schönen Praia a mare und dem malerisch gelegenen Terrassendorf Scalea. Unten erstreckt sich ein traumhafter Strand, weiß und breit, ohne einen Sonnenschirm, ohne eine Kabine, bis hinunter nach Diamante. Doch vorher kann man die beispielhaften Kulturen von Verbicaro – Korn, Rosinen, Obst und Gemüse – bewundern, die bis ans Meer gehen. Weinstöcke grünen auf feuerrotem Boden. Bauern und Bäuerinnen stehen in Grüppchen zusammen wie Figuren der neapolitanischen Krippe. Die Frauen, zumeist violett, grellrosa oder blaßtürkis gekleidet, tragen Krüge auf dem Kopf und gehen neben einem Esel mit zwei Fäßchen am Sattel. Der kleine Strand von Fiumicello, sechs Kilometer vom Santavenere entfernt, ist mit Lilien übersät.

Tips. In Maratea inferiore «Venushaar» kaufen (Kaskaden himmelblauer Blümchen mit großer dekorativer Wirkung). Einfache Krüge für den Garten und Körbe in Praia a mare. Und schließlich: Nach Maratea gehen, solange dieses Paradies noch besteht.

Das zerstörte Eden

Allgemeines. Es gibt immer noch drei Maratea. Ausländer kommen immer weniger. Heute werden alle drei vor allem von Urlaubern aus Neapel und Potenza frequentiert, ja überschwemmt.

Erste offizielle Nachrichten und erste Gäste. Sie sind gleich geblieben. Und geblieben ist auch das Santavenere, heute noch um einen schönen Swimmingpool bereichert. Wieso, wenn das Meer so wundervoll ist (vgl. *Erster Augenschein*)? Weil auch an diesen Nobelstränden, auch vor dem Santavenere im August '82 und '83 das Baden verboten worden ist. An dem kleinen Strand von Castrocucco darf man nicht ins Wasser gehen, weil dort der völlig von Abwässern der stromaufwärts liegenden Städte verseuchte Noce ins Meer mündet. Kein Baden am Strand von Fiumicello (wo einst Lilien blühten), weil auch der Fluß gleichen Namens das Meer mit Abwässern aller Art verunreinigt. Und heute stechen die Mücken. Was kann diesem «herrlich blühenden und wundervoll abwechslungsreichen Gestade», das jenen «sweet name» Maratea trägt, noch geschehen? Als zerstörtes Eden qualifiziert zu werden.

Baden. Wo das Wasser nicht verschmutzt ist, noch wie

früher, jedoch nur am Strand unmittelbar unter dem großen Hotel. Die bemoosten Felsen sind immer noch da, Unterwasserbeobachtungen immer noch ein Vergnügen. Es genügt, daß der Touristenstrom nicht bis hierher kommt.

Vegetation. Insbesondere in Maratea inferiore und superiore verändert, weil überall, wo früher Weinstöcke, Johannisbrot- und Olivenbäume standen, gebaut wird.

Küste. Was 1956 geschrieben wurde, ist, wie wir sehen werden, nur noch Erinnerung, ähnlich einem Traum, wie er schöner und süßer nicht sein kann, der sich dann in einen Alptraum verwandelt.

Charakteristika. Ja, die fast blauen Eidechsen kann man in Maratea noch entdecken, aber von phosphoreszierendem Plankton sieht man wenig, und Bläßhühner, Enten, Kraniche, die sich nach der Hälfte ihrer Migration auf dem Meer bei Maratea ausruhen, gibt es nicht mehr. Die Gewehre, die Menschenmassen und der Lärm haben sie vertrieben.

Schutzpatron. Weiterhin der heilige Blasius. Doch aus der ihm geweihten heiligen Stätte ist das funkelnde Gnadenbild verschwunden, gestohlen von unbekannten Dieben, die nie gefaßt werden konnten. Man hat eine Kopie anfertigen lassen, die allerdings in der Kaserne der Carabinieri steht und nur an seinem Festtag, von Priestern und Leibwächtern umgeben, herauskommt. In der Kaserne jedoch sondert er nicht mehr das heilkräftige Manna ab. Vom Turm kann man immer noch die herrliche Aussicht genießen: von weitem sind die Verschandelungen nämlich nicht zu erkennen.

Alarmierende Neuigkeiten in Maratea. Im Jahr 1966 ist noch alles in Ordnung: Das Gesetz von 1939 (Umwelt- und Landschaftsschutz) wird auf das Gebiet von Maratea angewandt. Doch die Ruhe währt nicht lange. Denn schon 1971 ist als erste städtebauliche Maßnahme ein allgemeiner Bebauungsplan zu verzeichnen, der weniger die Küste als den Kern von Maratea superiore und Hanglagen betrifft. Der Schaden scheint begrenzt, doch es ist der Anfang der Zerstörung. Denn 1978 billigt der christdemokratische Magistrat den neuen Bebauungsplan, der siebzigtausend Betten auf dem Gebiet von Maratea vorsieht. Es kommt zu einer politischen Auseinandersetzung: Die Region verweigert die Zustimmung. Ein heftiger Streit – doch mit welchem Ergebnis? Die Zahl der Betten wird auf zweiundzwanzigtausend reduziert. Vier touristische Maßnahmen sind geplant, die umfassendste in Santa Caterina, auf halber Höhe zwischen dem Meer und San Biagio (gegenüber jenem Granit-Christus, der sich abends, im Rotlicht geschickt installierter Scheinwerfer, in ein dreißig Meter hohes fluoreszierendes Gespenst verwandelt).

Abhilfe. Als der wohl als kleineres Übel betrachtete reduzierte Bebauungsplan gebilligt wird, schaltet sich nach der Beschwerde eines klugen Bürgers endlich der Verwaltungsgerichtshof ein und erklärt mit einem Kraftakt den Plan für nichtig. Hinter ihm hätten eher politisch-soziale als sachliche Erwägungen gestanden, präzisieren die Kritiker (vor allem Angst vor Arbeitslosigkeit und nicht, wie es hätte sein müssen, das Bemühen um die Lösung von Raumordnungsproblemen). Die Annullierung ist begrüßenswert, doch in der Zwischenzeit hat niemand den Eingriffen und vorgesehenen Parzellierungen Einhalt gebieten können, und sie sind schon weit gediehen.

Die Wunden. Heute kann man sehen und nur noch bitter beklagen, welcher immense Schaden durch das

Abtragen eines Hügels angerichtet wurde: Hier entsteht ein 300-Betten-Hotel. Ein wenig weiter unten ist schon ein – wie das Hotel terrassenförmig angelegter – Miniappartement-Komplex errichtet worden, der aus öden Fertigbauten besteht und noch einmal dreihundert Betten bietet. (Und ein Projekt mit weiteren fünfhundert Betten ist schon bewilligt). Bekannt ist, daß der Bauherr, ein Unternehmer aus Norditalien, anderthalb Milliarden Lire für Bäume eingeplant hat, die den häßlichen Betonbau an einem Hang verstecken sollen, der heute kahl und Sonne und Wind ausgesetzt ist; eine falsche Lage für zwei Monate im Jahr.

Weitere schwere Schäden. Neben der Verunstaltung des Hangs (bei der sich alle, auch die linken Parteien, in Stillschweigen gehüllt haben), sind weitere Eingriffe in Vorbereitung. Ein Minimum an Einrichtungen für den Massentourismus in Fiumicello (und die Umweltbelastung?), ein großer Parkplatz flußaufwärts, zwei Fußwege zum Strand, die in den Wald geschlagen werden sollen. Dann die Instandsetzung und wahrscheinlich die Erweiterung der hinter der Eisenbahn schon bestehenden Hotels, Pensionen und Restaurants; Ergebnis davon wird die weitere Verkleinerung der schon winzigen Strände sein. Und schließlich ein Eingriff von Privatleuten im Tal von Maratea, in Maratea superiore, Richtung San Biagio, und im alten Ortskern. Ohne sich um Genehmigungen zu kümmern, haben viele Touristen alte Häuser gekauft, um sie für den Sommer instand zu setzen. Ein illegales Vorgehen, das von vielen Einwohnern Marateas gefördert wurde, die in feuchten, unhygienischen Häusern ohne Heizung und in Lagen, wo drei Monate im Jahr keine Sonne hinkommt, wohnten. Sie haben sich mit dem Erlös ein Häuschen in der mittleren Küstenzone gebaut.

Ruinen. Einige Jahre lang haben die Sommergäste auch baufällige Häuser gekauft, um sie in gemütliche Wohnungen zu verwandeln. Und nicht nur das. Als es nämlich keine Ruinen mehr gab, hat man welche geschaffen, indem man zwei Steinmäuerchen hochzog, sie mit Ruß schwärzte und den Platz rodete. So wurden mit erteilten Genehmigungen oder ohne welche zu beantragen, Häuser gebaut – und ab geht's mit dem Auto ans Meer. Aber wo sollen diese aberhundert, mehr als tausend weitere Menschen baden?

Der Bürgermeister Nr. 126. Wer weiß, ob der Bürgermeister nicht eine passende Antwort darauf hat. Es ist der junge Christdemokrat Fernando Sisinni, dessen Bruder Franco als Ministerialdirektor im Ministerium für Kulturgüter sitzt. (Der Bürgermeister ist ein sehr umgänglicher und freundlicher Mann, dem allerdings bei den vorletzten Wahlen ein schwerer Fauxpas unterlief. Spitzenmann in der Basilicata war der damalige Außenminister Emilio Colombo, der natürlich auf Platz 1 der Liste stand; Nr. 2 war Angelo Sansa und Bürgermeister Sisinni Nr. 6. Da erfand Sisinni in Abänderung eines Fiat-Werbespruchs den Slogan: «Vota 126 ed entri dapertutto» [«Wähle 126, und du kommst überall rein»], so als ob sich mit einer Stimmgabe für diese drei alle Türen öffnen würden. (An diesem Punkt zog sich Colombo mit viel Aufsehen zurück.)

Wie sollen denn all diese Touristen, die auf halber Höhe festsitzen, hinunter ans Meer kommen, lautet meine erste Frage. Anfangs habe man an eine Seilbahn gedacht, antwortet der Bürgermeister. Ein Projekt, das man noch nicht ganz aufgegeben habe, aber so gut wie. Dann komme noch eine Schienenverbindung in Frage, wie man sie aus Deutschland oder Japan kenne, also eine

Einschienenhochbahn auf einer Strecke, wo früher das Vieh aufgetrieben worden sei. Oder auch eine kleine Zahnradbahn, die durch einen Tunnel geführt und am Fuß der Christusstatue enden würde, von wo aus es dann mit Aufzügen hinunter zum Meer ginge. An welches Meer? muß man da fragen. Der Bürgermeister könnte sich den «Algenstrand» zwischen Marina und Maratea Porto vorstellen, der heute nur über das Meer zu erreichen ist. Und all die schlüpfrigen Algen? Schweigen.

Ausflüge in die Umgebung. Noch immer schön sind Fahrten von Maratea ins Landesinnere, an Trècchina und dem Lago Sirino vorbei bis nach Lauria, also weg vom Meer. Schrecklich ist es dagegen entlang der kalabrischen Küste. Fährt man nach Süden (wo die Zerstörung noch nicht eingesetzt hat, sieht man streckenweise wunderbar dichten Ginster und Oleander, eine faszinierende Mischung aus Gelb und Rosa oder Rubinrot), wirkt die Gegend schon bei Tortora ganz anders. Der Ort ist eine Ansammlung von Häuserreihen und verstreuten Parzellen: Reihenhäuser mit gemeinsamen Aufgängen hinter der Bahnlinie, plumpe Fertighäuser am Küstenstreifen, braune oder graue Appartementhäuser, einige Stahlbetonskelette, aus denen auch noch Appartements werden – nie wieder wird es das farbenfrohe Dorf an dem mit Blumen und Pflanzen bewachsenen, sanft zum Meer abfallenden Hang geben.

Praia a mare. Aus auch für Praia, wo an die Stelle von Olivengärten eintönige Reihenhäuser treten und die Küste durch Straßen, Siedlungen mit Zweifamilienhäusern, Villen («Große und kleine Villen zu verkaufen!») völlig verunstaltet ist. Die Hinweisschilder zeigen nicht mehr den Weg zu den Grotten, sondern den zum Verkaufsbüro. Viele der kleinen Villen sind im sogenannten mediterranen Stil, die Architekten lassen ihrer Phantasie freien Lauf, indem sie Häuser mit Walm-, Hauben- oder Mansardengiebeldach bauen, häufig auch solche mit «Spritz-Putz», große Bullaugen und Halbmonde sind wiederkehrende Motive; einige ahmen «herrschaftliche Häuser» nach: Gärtchen, Laube und Außenfeuerstelle, wo man für seine Freunde Pizza backen kann.

Skandal von Praia. Im Mai 84 interviewt Chiara Valentini für das Nachrichtenmagazin «Panorama» den unabhängigen Linken Franco Bassanini zum Thema parlamentarische Mißstände. Der Abgeordnete wendet sich scharf gegen «jene Gesetze, die nur gemacht werden, um immer spezifischere Einzelinteressen zu befriedigen». Das konkrete Beispiel, das er im Parlament erlebt hat, betrifft Praia a mare: «Das ist ein Fremdenverkehrsort in Kalabrien, wo einige Immobiliengesellschaften, die eng mit der *'ndrangheta*, der kalabrischen Mafia, in Verbindung zu stehen scheinen, auf Domanialbesitz, also auf Land, das dem Staat gehört, Hotels und Restaurants gebaut hatten. Plötzlich taucht eine Gesetzesvorlage einer Gruppe von Christdemokraten aus Kalabrien auf, in der Dinge stehen, die man kaum glauben kann. Das Gelände soll vom Staat an die Gemeinde Praia verkauft werden. Die Kommune soll es in Parzellen aufteilen und an die Eigentümer der schon errichteten Gebäude verkaufen. Und schließlich soll der Staat diesen Herren noch ein Darlehen zu Vorzugsbedingungen gewähren, damit sie das Land erwerben können.» Wie das denn ausgegangen sei, will die Journalistin wissen.

«Sobald ich darauf aufmerksam geworden bin, habe ich mich dagegengestellt. Der Vertreter des PCI hat sich mit der Begründung, daß er die Situation nicht kenne und zuerst den Ortsverein konsultieren müsse, der Stimme enthalten. Die Regierungsparteien haben gemauert. Ergebnis: In ungeheuer kurzer Zeit, bevor man noch eine Pressekampagne organisieren konnte, ist die Vorlage vom Abgeordnetenhaus und gleich anschließend vom Senat angenommen worden.»

Der Grenzfall. Auch San Nicola Arcella ist eine Katastrophe, doch der Grenzfall ist Scalea, eine Schreckensstadt, die den gesamten Hang mit Terrassenhäusern überzogen, die Hochebene parzelliert und einen künstlichen Berg angelegt hat. Die Straße hat ein absurdes Gefälle, um möglichst viel Häuser am Hang unterzubringen, der Strand ist von Fußgängerunterführungen und Abwasserkanälen umgeben. Grauenvolle Häuser, alle gleich, deren Holzeinfassungen zum Teil schon von der Seeluft morsch geworden sind, viele Schuppen, viele Schuhschachteln, andere Häuser wieder dumm-protzig. Die Stadt hat auch etwas von einem Friedhof, denn viele Bauten sehen wie Gräber aus. Unfreiwillig komisch, daß eine der Feriensiedlungen Panda heißt, ist dieses vom Aussterben bedrohte Tier doch das Symbol der internationalen Naturschutzorganisation World Wildlife Fund.

Um mir einen Eindruck von dem sommerlichen Chaos in einem Ort wie diesem zu vermitteln, erzählt mir ein Freund, daß er im letzten August für einen Kilometer durch Scalea anderthalb Stunden gebraucht habe. Wenn man verstehen will, wie maßlos hier gebaut worden ist, muß man wissen, daß es Leute gibt, die seit zehn Jahren ihr zwanzig Jahre altes Haus verkaufen wollen, weil sie im Sommer hier nicht leben können. Momentan werden eintausenddreihundert Appartements zum Kauf angeboten, doch es gibt keine Interessenten. Beweis dafür, daß man beim Bauen das Verhältnis Bevölkerung/Aufnahmefähigkeit nicht berücksichtigt hat, ist (abgesehen davon, daß es während des ganzen Jahres immer nur wenige Stunden lang fließendes Wasser gibt) das häufige Badeverbot in Scalea. Denn auch die Abwässer aus dem größten Teil der Häuser werden mangels vollständiger Kanalisierung ins Meer geleitet.

Diamante. Wir fahren nicht über Diamante hinaus, um nicht weiter darunter zu leiden, was man aus der Küste gemacht hat, die einst zu den schönsten Europas zählte. «Weißer Schaum, wie eine Senkgrube», sagt ein nettes Mädchen aus Diamante, das am Strand seines Dorfes, das keine Lebensqualität mehr hat, nicht mehr badet, sondern nur noch weit draußen. Kein Vergnügen, am Strand zu bleiben: überfüllt, völlig verdreckt, ein Lärm, daß einem die Ohren weh tun. Und während violett der Abend dämmert, einer traurigen Ermahnung gleich, gesellt sich ein Franzose zu dem hübschen Mädchen. Auch ihre Strände haben Schaden genommen, doch sicherlich nicht so, wie dieses Stück Kalabrien. Er schüttelt den Kopf und zitiert Baudelaire: *«Homme libre, toujours tu chériras la mer. / La mer est ton miroir, tu contemples ton âme.»* «Hélas», sagt er zuletzt, während er ratlos auf das stinkende Meer bei Diamante schaut.

In Betragen eine Eins

In den fünfziger Jahren besteht die Mailänder Gesellschaft aus wohldefinierten Schichten, in die neue Gruppen Einlaß begehren, Industrielle, aus dem Nichts gekommen und schnell reich geworden, die auf der sozialen Stufenleiter nach oben drängen, Aufstiegsorientierte also, die von den recht dünkelhaften Angehörigen der besseren Kreise mit der Bezeichnung «pushing» belegt werden.

Eine dieser moralisch starken Schichten, eine geschlossene und wichtige Gruppe in Mailand? Jene Besitzbürger, zumeist Textilfabrikanten (Seide, Wolle und Baumwolle), die seit wenigstens drei oder vier Generationen der Welt zur Zierde gereichen. Es sind die soliden, großen Familien, die einen exklusiven Zirkel bilden, um hartnäkkig ihre familiären Traditionen, ihre Moralvorstellungen und ihr Festhalten an der Religion zu verteidigen. Die Damen sind beim Fürsorgewerk der Vinzentinerinnen engagiert, die mit Milch- und Brotkarten die bedürftigen Familien ihres Viertels unterstützen und den Pfarrer auf die schwersten Fälle hinweisen. Ihre Kinder heiraten beinahe immer in den eigenen Kreisen, wobei man sich mehrmals verschwägert; bei ihnen kommen keine Trennungen, noch weniger Scheidungen vor, und von Ehebruch ist niemals die Rede. In der Fastenzeit laden sie in ihre schönen, modernen und mit jedem Komfort ausgestatteten Häuser bekannte Prediger ein, die sie über das Evangelium meditieren lassen; die Ehemänner werden an wenigstens zwei Abenden in der Woche zu geistlichen Exerzitien geschickt. Niemals fehlen sie bei den Jahresämtern für verstorbene Familienangehörige, kommen alle bei der Erstkommunion oder Firmung ihrer wohlgeratenen Kinder zusammen (die an ihrem Ehrentag reich beschenkt werden), organisieren Topfschlagen für die jüngeren und Abendgesellschaften ohne Alkohol für die 18jährigen, die außerdem meisterliche Skiläufer sind und ganz ausgezeichnet fechten und Basketball spielen.

Söhne und Schwiegersöhne, die Karriere machen, wird man in der Nähe der großen Industriekapitäne finden, die sich mit Hilfe von Gummi, Stahl, Eisen, Warenhäusern, Verlagen, Hochfinanz oder pharmazeutischen Erzeugnissen in der Gesellschaft durchgesetzt und daneben noch die Zeit gefunden haben, ein bißchen snobistisch zu werden. Man sieht sie überall, sie finanzieren Bibliotheken, Konzerte, Museen, Theatervorstellungen und Waisenhäuser, fehlen weder bei Premieren noch bei Vernissagen, sind Mäzene von Malern, laden Illusionisten ein, organisieren in ihrem Haus Konferenzreihen, haben eine Sammlung guter moderner Kunst angelegt. Viele besitzen eine Yacht und haben gelernt, auf ihr zu leben, haben Geld für den Wiederaufbau der Scala, für die behinderten Kinder von Don Gnocchi und einen Literaturpreis gespendet. Sie wissen, wie man reist und sich im Ritz von Paris benimmt (den ignoranten Emporkömmlingen wird man immer ihre Tölpelhaftigkeit vorwerfen, den Portier mit dem Empfangschef zu verwechseln, die falsche

Glocke zu läuten und «Choux à la crème» nicht von Blumenkohl in Béchamelsoße unterscheiden zu können), und laden Jean Cocteau, Somerset Maugham und Simone de Beauvoir, wenn sie durch Mailand kommen, zum Essen ein.

In ihrem Haus wird der neue Handwerker, der die Blumen so wundervoll zu arrangieren weiß, mit Tischschmuck und Dekorationen in Nischen, Eckchen und sogar an den Wänden sein Glück machen, während die Liebhaber des Klassischen weitestgehend den Floristen aus der Via Manzoni heranziehen werden, der schon ihrem Vater «gedient» hat. Der Lebenswandel der schönen, eleganten und rührigen Ehefrauen gilt als vorbildlich, und nicht der leiseste Klatsch kommt den Familienoberhäuptern zu Ohren (oder noch wagt ihn zumindest niemand), die, eingezwängt in einen Frack des Schneiders Prandoni oder seines Nachfolgers, in der Scala sitzen.

Ein anderer beachtlicher Teil des Bürgertums wird von Selbständigen gebildet, Nachkommen von Universitätsprofessoren, Bankiers und Rechtsanwälten, alles ordentliche Leute, die mit sich zufrieden sind. Sie finden Geschmack an vergnüglichem Zeitvertreib und Urlaub, lassen ihren Söhnen eine anständige Erziehung angedeihen, machen Ärzte, Rechtsanwälte, Ingenieure, Architekten oder Professoren aus ihnen, die manchmal die Töchter der obenerwähnten Textilfabrikanten heiraten.

Und schließlich ist da noch der «Cappuccio», die schwarze Aristokratie von Mailand, ein geschlossener Clan, der aus der gleichnamigen Straße (still, alt und düster) oder ihren Seiten- und Querstraßen stammt bzw. dort wohnt, in alten Palazzi mit Gärten, wie man sie nicht erwartet hätte. Die Mitglieder des Clans sind sehr religiös, sehr wohltätig, sehr zugeknöpft. Irgendwelche Mesalliancen werden hier nicht geduldet, und die Mädchen gehen bis zu ihrem 21. Lebensjahr in Begleitung ihrer Mademoiselles aus. Wohlklingende Namen, einfache und doppelte, die gemeinsam den Hochadel von Mailand ausmachen, stattliche und elegante Menschen (ausgenommen eine ungemein vornehme Familie von wenig attraktiven Fast-Zwergen), die wundervolle Landhäuser und mit erlesenem Geschmack eingerichtete Stadtwohnungen besitzen, formvollendete Empfänge geben, oft mailändisch reden, ab und zu einen Kostümball veranstalten, von dem man mindestens ein Jahr lang spricht. Beinahe alle arbeiten erst seit einer Generation, einige von ihnen sind scharfe Kritiker der Gegenwart, sind erträglich schwatzhaft, machen meist angenehm Konversation. Zwei oder drei vornehme Familien sind dafür bekannt, ein skurriles und sogar obszönes, «spegascià» genanntes Kauderwelsch (eine Abart des Mailänder Dialekts) zu reden, aber sie bilden Ausnahmen und haben zwar gute Namen und prächtige Palazzi, aber nicht im «Cappuccio». (Einige Damen haben auch geistreiche und sehr gewagte Gedichte geschrieben.) Den anderen jedoch ist niemals, vor allem nicht in Anwesenheit der Kinder, jenes häßlich zischende Wort «Sex» über die Lippen gekommen.

Zerbrochene Beziehungen

All dies ist heute zu Ende. Eben jene Gesellschaftsschichten, keine ausgenommen, sind es, die Mailand zu der Stadt mit den meisten Trennungen und Scheidungen in Italien machen. («Man hat heute in jeder Familie eine Scheidung und eine Blinddarmentzündung», so ein Kenner der Mailänder Sitten.) Das Phänomen ist so verbreitet, daß es diesbezügliche Anstandsregeln gibt: Wie verhält sich das trennungswillige Paar gegenüber Freunden? Soll man das Ereignis ankündigen oder abwarten, daß die Nachricht von selbst die Runde macht?

Erste Feststellung: Paare, die in Schwierigkeiten stekken, handeln seit '68 nach der Devise: «Stillgestanden, wir sind alle Engländer!» Sie haben mit einem Mal den Stil der Angelsachsen übernommen, die beinahe immer und ewig vom Wetter reden, um keine privaten Dinge an die große Glocke zu hängen. Beobachten wir sie am Weihnachtsabend: tadelloses Verhalten untereinander, die Schwiegermütter und diverse Verwandte sind da, das passende Geschenk auch, man ergeht sich in Liebenswürdigkeiten und Schmeicheleien, verteilt im Überfluß flüchtige Küßchen auf keineswegs runzlige Wangen (das Paar ist jung, die Mütter also noch ganz und gar nicht gebrechlich). Und viele Glückwünsche den Eltern des vergötterten kleinen Enkels, die den Eindruck machen, als wären sie ein glückliches und einträchtiges Paar, während zwischen ihnen in Wirklichkeit schon alles in die Brüche gegangen ist, die eine Hälfte schon anderweitig verliebt, in günstigen Fällen alle beide.

Doch noch ist nicht der Augenblick gekommen, es den älteren und altmodischen Familienangehörigen zu sagen, die es offiziell ungefähr in einem Jahr erfahren werden. Viele Monate lang fühlen sich die Eheleute vielleicht unbehaglich, aber da man ja das Spiel mitspielen muß, sagen sie nichts und sehen ihren neuen Partner heimlich. Der oder die Verlassene macht keine Szenen, erträgt es, läßt Zeit vergehen; und vielleicht ist eine gewisse Probezeit besser, wer weiß.

Ein paar Zweifel und ein leises Unbehagen können sich

nach einigen Monaten allerdings doch bei der älteren Generation in der Familie einstellen. Vielleicht dringt das Gezischel der üblen Nachrede bis dorthin, und dann reden die beiden, zwar uneinig, aber wohlerzogen, mit der Mutter oder Schwiegermutter: «Du bist doch eine moderne Frau, und wir sind zwei erwachsene Menschen. Wir sind davon überzeugt, daß du uns verstehen wirst.» Nehmen wir hier einmal an, daß der Trennungswunsch vom Sohn ausgeht: «Die Wahrheit ist, daß ich mich in eine andere verliebt habe. Meine Frau zu hintergehen widerstrebt mir, und auch, daß zwei Menschen, die merken, daß sie nicht zueinander passen, zusammenbleiben und resignieren, kurz gesagt, dicses Lügengespinst, das die Gesellschaft verlangt. Deshalb trennen wir uns. Unser Sohn kennt meine neue Freundin sehr gut und versteht sich mit ihr ausgezeichnet.» (So ist die Sprachregelung.)

Was soll die (tief bestürzte) Mutter tun, nachdem sie sich mehrmals versichert hat, daß es sich nicht um eine vorübergehende Laune handelt? Ihr bleibt nur, es hinzunehmen («aber denk doch, in einer Familie wie der unseren...»), und oft bittet man sie auch noch, die andere Mutter davon in Kenntnis zu setzen, sei diese ja gefühlsmäßig noch enger mit dem Paar und insbesondere mit der betrogenen Tochter verbunden. Wie das anfängt? «Du bist zu klug, um nicht zu wissen, daß heutzutage...» – und so weiter mit der Geschichte, die die sensiblere Frau, davon überzeugt, daß die Trennung eine Katastrophe ist, in stiller Fassungslosigkeit zurückläßt.

Und was wird aus dem Kind? Es ist vorsichtig informiert worden. Papa und Mama haben sich gern und werden sich immer gern haben, aber jetzt «haben sie Probleme». Deshalb ist es für eine Weile besser, daß sie sich trennen. Aber der Kleine wird den Papa sehen können, wann er will; er wird ihn immer besuchen kommen, und eines Tages wird er die Freundin von Papa kennenlernen, die ihn jetzt schon gern hat. (Wenn es zu mehreren Trennungen kommt, und das gibt es, kann man hören, daß Kinder sich wie folgt unterhalten: «Weißt du, ich habe einen neuen Papa.» – «Wen denn?» – «Marco B.» – «Ach ja, der ist prima, den haben wir vor drei Jahren auch gehabt.» Oder auch: «Ich habe zwei Papas und zwei Mamas.» – «Ich den Papa, die Mama und eine Frau, die mit Papa zusammen ist.» – «Ich habe nur einen Papa. Willst du den?»)

Unterdessen findet sich die einfühlsame Großmutter, die nur das Glück ihres Enkels im Auge hat, mit dem Unvermeidlichen ab und tröstet sich mit dem Gedanken, daß sie ihn oft zu Besuch haben wird (sie wird überrascht sein, wie oft). Die neue Freundin ihres Sohnes wird sie dann mehr oder weniger im Bett kennenlernen. An einem Freitagabend nämlich wird der Sohn die Mama anrufen und sagen: «Ich komme mit einer Freundin. Kann ich das Gästezimmer haben?» (Und darin steht ein Doppelbett). Die Rechnung geht auf: Um ihren Sohn glücklich zu sehen, ist die Mutter freundlich zu seiner neuen Freundin, die sich der Hausherrin gegenüber anfangs schüchtern und dann immer unbefangener verhalten wird.

«Mein Verlobter, meine Verlobte», das sind die Bezeichnungen für die neuen Partner, wenn man sich trennt oder auf die Scheidung wartet. Wenn dann die Scheidung endlich kommmt, heiraten er oder sie manchmal – sogar relativ häufig – den neuen Partner. Und wer zurückbleibt, «verlobt» sich nach dem anfänglichen Gram ebenfalls (abgesehen von verzweifelten Fällen eines beängstigenden Festhaltens an einer Frau oder einem Mann).

Wenn also eine Ehe zerbricht und die Familie von der Trennung weiß, wird der Haushalt gleich aufgelöst und von einem der beiden Eheleute verlassen. Nach dem Zusammenbruch der Firma Gondrand, der man früher Umzüge anvertraute, taucht nun eine neue Figut auf: der kleine lombardische Transporteur, meist ein Freund des Paares, der ihnen seinen etwas klapprigen Lieferwagen zur Verfügung stellt. Er sortiert und befördert gratis.

Erste Ladung: Alle von den Großeltern zur Hochzeit geschenkten Möbel werden zurückgebracht. Wer geht, hat vielleicht ein Penthouse gemietet, das er nach eigenem Geschmack einrichten wird; wer bleibt, will keine Dinge mehr um sich haben, die ihn an die glücklichen Jahre erinnern. Und mit den Möbeln gehen den Großeltern, die wirklich nicht wissen, was damit tun, auch all die Erinnerungsstücke, Andenken an Reisen voll Liebe und Harmonie zu: indonesische Masken, spanische Korbflaschen und mexikanische Krippen.

Bei den neuen Sitten stellt sich die Frage, ob das neue Paar, ist die Scheidung erreicht und steht die Hochzeit bevor, die zweite Heirat seinen Freunden ankündigen soll und wie man sich verhält, wenn man eine Heiratsanzeige bekommt. Erstens: Heiratsanzeigen sind inzwischen sehr viel weniger üblich, auch wenn es sich um die erste Eheschließung handelt. Zweitens: Auf die Ankündigung einer Heirat nach einer Scheidung antwortet man mit einem allgemeinen Glückwunsch. Keine Geschenke.

Und wie sollen die Freunde mit der Nachricht, daß sich ein Paar, von dem sie immer dachten, es führe eine vorbildliche Ehe, getrennt hat, umgehen, wenn sie alle beide gern haben? Wen sollen sie weiter einladen? Den Mann mit seiner Neuen oder die Frau mit ihrem? Wenn es ein Opfer gibt, befehden sich die Freunde in den ersten

Monaten: die einen halten zum Opfer, die anderen zur siegreichen Partei. Beinahe immer bildet sich ein Unterstützerkreis für den Verlassenen, und man reißt sich Arme und Beine aus, um ihm zu helfen, ihn zum Essen, ins Kino oder Restaurant einzuladen. Und immer versucht man in der ersten Zeit, Fauxpas zu vermeiden und achtzugeben, daß die in Selbstmitleid schwimmenden Untröstlichen nicht mit den strahlend lächelnden, über alle Maßen Getrösteten zusammentreffen.

Doch an einem bestimmten Punkt beginnen die beiden Teile der zerbrochenen Beziehung, ohne sichtbare Verlegenheit auf einer Seite, sich in Kunstgalerien, bei einer wichtigen Ausstellung oder einer Diskussionsveranstaltung zu begegnen. Was Einladungen in der Gesellschaft angeht, ist, wenn man einem mondänen Clan angehört, der Wunsch, dies auch weiterhin zu tun und ein gewisses Prestige zu genießen, stärker als jede Leidenschaft. Wehe, wenn man aus dem «Kreis» ausgeschlossen wird und das Netz jener Leute nicht mehr hat, die immer nützlich sein können. Deshalb siegt die Zugehörigkeit zu einer bestimmten Schicht über Liebe, Groll und gegebenenfalls auch Haß. Die Freunde zögern also nicht mehr, das neue Paar gemeinsam mit dem einzuladen, der vorübergehend alleine geblieben ist.

Kurze Zeit später kann es dann geschehen, daß aus den dreien vier geworden sind; bei der Einladung an das Paar mit der jeweiligen Begleitung gibt es kein Gefühl des Unbehagens mehr und bei dem Opfer nicht mehr jenes schmerzliche (und für die anderen etwas lästige) des Verlusts, das man wenige Monate vorher einfach nicht übersehen konnte. «Wir verstehen uns jetzt alle recht gut», heißt es dann wieder. Mit der Zeit finden sich auch die Großmütter damit ab und sagen sich zum Trost, daß sie jetzt mehr von ihrem Enkel oder ihrer Enkelin haben. Doch sie sind nun nicht mehr wie früher die «Großmütter auf Zeit», denen man die Kinder ab und zu ins Haus brachte, wenn die Eltern Verpflichtungen hatten. Mit der Trennung des Paars werden sie nach und nach zu Vollzeit-Großmüttern. Sie sind es, die die Enkel zur Gymnastik oder ins Schwimmbad bringen, und sie tun es, ohne zu klagen, weil sie grundsätzlich auf dem Standpunkt stehen: «Wir sind immer noch eine große Familie, auch wenn sie gespalten ist.» (Nur in seltenen Fällen macht eine Großmutter diesen Ammendienst nicht mit; dann bleiben die Pflichten bei der ersten Frau, auch wenn sie mit einem anderen zusammenlebt.)

Auch im «Cappuccio» trennt man sich, als wäre es nichts, lebt mit jemandem zusammen, läßt sich scheiden. In diesem ehemals strengen Kreis sagte neulich eine Großmutter nach einer Scheidung und der Mitteilung einer neuen Beziehung: «Gut, jetzt, wo alles geregelt ist, machen wir wenigstens ein Scheidungsfest.»

Man könnte wirklich einen Knigge schreiben, der sich mit den unbeständigen Beziehungen von heute beschäftigt, so viele Fragen haben die Leute dazu. Wie soll sich beispielsweise nach dem Scheitern der Ehe die Exschwiegertochter, die mit einem anderen weggegangen ist, verhalten? Soll sie die ehemalige Schwiegermutter weiter Mama nennen oder lautlos von der Bildfläche verschwinden?

Als erstes muß gesagt werden, daß die jungen Leute heute äußerst vorsichtig geworden sind und sich auch nach der Heirat und während einer guten Ehe davor hüten, die Schwiegermutter Mama und den Schwiegervater Papa zu nennen. Wenn alles in die Brüche geht, ist das Verhalten der ehemaligen Schwiegertochter gegenüber der Exschwiegermutter weiterhin tadellos, vor allem aus Bequemlichkeit. Sie ist die Liebenswürdigkeit selbst, höchstens daß ihr ein paar spitze Bemerkungen unterlaufen: «Entschuldige, aber es macht dir doch nichts aus, wenn ich das Kleidchen, das du Giada zu Weihnachten geschenkt hast, umtausche? Es ist ein bißchen überladen, wunderschön, aber eigentlich fehlen nur noch die Rüschen, und die Kleine will nichts anderes als Punk mehr anziehen!» Oder zuckersüß: «Ich lasse sie dir gerne da, aber daß sie mir nicht den ganzen Tag vor dem Fernseher sitzt!»

Im zeitgenössischen Bild vollkommener Gefühlsunordnung darf man nicht die Frauen vergessen, die ihre engsten Freundinnen «die Geishas» nennen. Es handelt sich normalerweise um Mädchen oder Geschiedene aus bester Familie, die schon lange Zeit die Geliebte eines Mannes sind, der im allgemeinen ein gewisses Prestige hat, mit einer achtbaren Frau «fest verheiratet» und Vater ist und der sich niemals scheiden lassen wird. Seit Jahren sind diese Frauen solch einem Mann in absoluter Treue und ohne Hoffnung verbunden. Höchstens machen sie kurze Reisen, doch die Frau kommt immer alleine nach Hause.

Wissen die Ehefrauen davon? Sie wissen alles, aber sie wissen auch, daß sie die Stärkeren sind, und bleiben mit den Kindern daheim oder bereiten die Arbeit für morgen vor (es sind oft Frauen, die intellektuell selbst etwas zu bieten haben), während die Freunde ihren Mann und seine Geisha zum Abendessen einladen. Bei gesellschaftlichen Ereignissen, die eine gewisse Wichtigkeit haben, tritt das Ehepaar gemeinsam auf, doch zu einer bestimmten Uhrzeit verabschiedet sich die Ehefrau, und pünktlich ersetzt sie die Geliebte. Und wenn sie sich treffen, ist es auch kein Drama, bleibt alles unter Kontrolle. Selbst wenn sie die Sommerferien in unmittelbarer Nähe zueinander verbringen und mit denselben Leuten verkehren, entwickelt sich deshalb keine angespannt-eifersüchtige oder kleinlich-boshafte Atmosphäre.

Es ist wie in den Fernsehserien: nur die Mütter der Geliebten weinen. Darüber, daß ihre Tochter ihr Leben opfert, über ihre graue Zukunft, über den Mangel an attraktiven Verehrern – da ihr Verhältnis allen bekannt ist – und, ach, bei dem Gedanken, daß kein Enkelkind der Trost ihrer alten Tage sein wird.

Der Nationalquizmaster

Mehr als zwanzig Jahre nach dem triumphalen Start von «Lascia o raddoppia?» («Aufgeben oder verdoppeln?») sehe ich ihn in seinem Haus wieder. Damals nannten sie ihn «Signor Mike», sollten die kleinen Mädchen, die ihn um ein Photo von sich anbettelten oder ihm am Eingang zur RAI-TV im Corso Sempione an der Jacke zogen, mit Wasserwerfern verjagt werden, spielte er bei der Sendung mit seinem englischen Akzent. Damals unterliefen ihm viele Versprecher und Schnitzer. («Ich küsse Ihnen die Hand, weil Sie eine Contessa sind.» – Zu einem Bauern, als er auf die Bühne kommt: «Nun, Sie sind also ein Bauerndepp?» – «Au, au, Frau Longari, jetzt sind Sie mir auf den Schwanz geglitten...»)

«Goldene Jahre», erinnert sich Mike Bongiorno heute in seiner Luxusvilla, wo ein ganzes Stockwerk nur der Repräsentation dient, ein Salon nach dem anderen und hinten das Studio. Aber er sagt es ohne Bedauern, ist er doch immer noch «Spitze» und gehört sicherlich wie Adriano Celentano, Claudio Villa und die Democrazia Cristiana zum Beständigsten, was die italienische Gesellschaft zu bieten hat. Und seine Stärke besteht darin, daß, mögen sich auch die Titel seiner Shows ändern, er selbst sich nie ändert, wie die Fiat-Schokolädchen, immer gleich (seit sie vor undenklichen Zeiten von dem Großunternehmen die Erlaubnis bekommen haben, sich so zu nennen) und immer gut.

Anderthalb Jahre lang war er damals der Liebling des Publikums, und die Zeitungen waren voll mit Berichten über ihn und seine Sendungen. Die Snobs, die noch keinen Fernseher daheim haben mochten, weil sie ihn für eine Hausplage hielten, gingen in die Portiersloge, um die Show zu sehen. Die Kinos waren donnerstags leer, wenigstens wenn es «Lascia o raddoppia?» gab.

Nach und nach hatte dann der Ärger mit einem Spiel begonnen, das im Laufe der Zeit viel von seinem anfänglichen Glanz eingebüßt hatte, um zu einem öffentlichen Examen, einem hastigen Abfragen von Begriffen herabzusinken, bei dem der Professor ein Ulkprofessor war, die Experten sich unsicher und uneinig zeigten, hübsche Kandidatinnen mit guter Figur bessere Chancen hatten als Männer, während man bei weniger gutaussehenden und weniger jungen Frauen eine gewisse Ungeduld an den Tag legte. Ärger, der den «Signor Mike» allerdings nicht kümmerte, war er doch sicher, auf seinem Erfolgsweg weiter triumphal voranzukommen.

Unterdessen erfuhr man, parallel zu «Lascia o raddoppia?» und den verschiedenen anderen, allesamt erfolgreichen Quizspielen, die folgten, sowie parallel zu Mikes fortschreitendem Haarausfall, von all seinen Flirts. Viele Frauen wollten ihn und verließen ihn dann, eine machte wegen ihm einen Selbstmordversuch, bis schließlich die Heirat mit Annarita Torsello beschlossen wurde. Das Liebesnest war schon bereit; zwischen Trophäen und Stereogeräten stach eine Neuheit ins Auge, die der zukünftige Ehemann erfunden hatte: unter dem Bett zwei Pantoffeln mit Batterien, die nachts immer beleuchtet waren.

Doch zwei Jahre genügen der Torsello, um sich zu langweilen. Sie erklärt, nicht mehr länger mit einem ungebildeten, pedantischen und selbstgefälligen Mann zusammenleben zu können, der sie als Erwiderung auf ihre Zuneigung nur immer sein Geld habe spüren lassen. Ihrer Meinung nach wolle Mike nichts weiter als der Liebling der Großmütter sein. Er sei ein kalter Mensch, kein bißchen geistreich, der nur an den Erfolg glaube, privat ein Langweiler, mehr noch: ein Stein, ein Klotz, ein Geizhals, ein Roboter. Wegen seiner grausamen Langeweile läßt ihn seine Frau kurz vor dem Start von «Rischiatutto» (ein weiterer Erfolg) sitzen und beantragt die gesetzliche Trennung.

Grauer Teppichboden in seiner heutigen Wohnung, eine Glasplatte auf zwei umgedrehten Kapitellen als Tischchen, Plastikpflanzen zwischen echten Farnen und kleinen Kakteen; hier und da ein Segelschiff zwischen den Büchern, zu denen drei Stufen führen: *Geschichte des Schachspiels, Primitive Kunst, Universalgeographie, Götter und Mythen, Geschichte der Fliegerei.* Und schließlich erscheint Mike Bongiorno, passiert eine schöne Sammlung moderner Kunst, noch immer lebhaft und voll Energie, aber ein gutes Stück selbstgefälliger als früher, braun wie ein Tabakblatt, in einem weißen Pullover und mit unbändiger Lust zu reden. Habe ich also doch noch einen gefunden, der geschwätziger ist als ich. Ich bewundere seine Bräune, bin einen Moment lang unaufmerksam, höre ihn etwas von Friseur sagen und glaube, daß er wie viele Leute von heute auf dem «Hähnchengrill» brät. Aber nein, er hatte mir erzählt, daß er sich wie die

Friseure montags frei nimmt und zum Bräunen ins Gebirge fährt.

Ich frage den Mann, der in den Alpen waghalsig ist – an einem Hubschrauber hängend, fliegt er über den Montblanc – , ein ausgezeichneter Abfahrtsläufer und geschickt auf dem Skeleton (Rennschlitten, auf dem man, das Gesicht dreißig Zentimenter über der vereisten Piste, mit ungefähr hundert Stundenkilometern nach unten rast), ob er je Momente der Panik erlebt hat.

«Und ob! Die ersten Male bei ‹Lascia o raddoppia?› zum Beispiel. Eine Stunde und zehn Minuten lang mußte ich vor Kameras, Regisseur und Zuschauern ununterbrochen frei reden. Natürlich macht man da Schnitzer. Ich habe gezittert, nicht gewußt, wie ich es schaffen soll, um die Verlängerung von meinem Vertrag gefürchtet. Bis ich nach so vielen Jahren diese Schwierigkeit nicht mehr verborgen, sondern damit gespielt habe, und jetzt genieße ich die Situation. Sonstige Ängste? Ja sicher, die Zeitungen mit all dem furchtbaren Klatsch, den sie damals über mich geschrieben haben und der meiner Karriere geschadet hat.»

Um Klatsch kümmert sich Mike heute nicht mehr: Das ist der Preis, den man für den Starruhm zahlen muß. Die Katastrophenberichte über seine Ehe findet er eher amüsant; er ist nun seit bald zehn Jahren glücklich verheiratet. Wie um sich selbst zu beglückwünschen, zündet er sich eine Zigarre an, was ihn zum Dozieren bringt: Zigaretten sind schädlich, Zigarren nicht, weil man nicht inhaliert, aber es muß eine gute kubanische Zigarre sein, Marke Davidoff, man bekommt sie nur in der Schweiz. Nach den Zigaretten hat er es zuerst mit Pfeife versucht, aber das macht zuviel Arbeit und ist schlecht für die Zähne. Stop – ich möchte ihm eine Frage stellen.

Was antwortet er, wenn man ihn ungebildet nennt?

«Ungebildet? Gewiß bin ich das, verglichen mit Einstein. Aber es kommt doch darauf an, das Schöne zu erkennen und es als Bildung zu begreifen, wenn man ihm begegnet. Und außerdem spiele ich auch den Ignoranten. Na sicher lese ich. Oberflächlich, das gebe ich zu. Aber jetzt bei «Flash» gibt es kein Abfragen mehr, das ist für meine Ignoranz eine Wende. Und ist einer, der Kammermusik liebt und von ein bis vier Uhr nachts, wenn er vor dem Schlafengehen arbeitet, im Mund eine Davidoff, neben sich ein Gläschen, Vivaldi, Mozart, Boccherini und Albinoni hört, denn wirklich ungebildet?»

Zufrieden, so bevölkert zu haben, was von den Kritikern seine kulturelle Einöde genannt worden war, nimmt er kurz die Brille ab und schaut mich mit dem nebulösen Blick eines Kurzsichtigen an, um mir zwischen einem Krapfen (es ist Karneval) und einer Coca-Cola zu sagen, daß auch er an dem Kurs für geistige Dynamik teilnehmen wolle, den seine Frau neulich in Genf gemacht habe. (Daniela ist auch da, hat unzählige verschiedene Sachen in tausend Farben an: Hosen, Minirock, Pullover, Stutzen, überall Streifen und Karos, eine schlanke Figur, ein sehr großzügiger Mund). Es sind höchst intensive Kurse (vier Tage, in denen man viel über sich selbst erfährt, wie es einem besser geht, was man macht, damit man sich gut fühlt; und Überraschung gehört auch zur Therapie).

Stimmt es, daß Sie es waren, der Tele-Montecarlo aufgebaut hat?

«Ja, als es noch kein privates Fernsehen gab. Ich hatte die Idee, zwei bedeutende Leute an den Sender zu holen: Montanelli für die Politik und Gianni Brera für den Sport. Beide wollten zuerst nicht. Aber zack – dann hat es geklappt. In Mailand gibt es ein kleines Aufnahmestudio, und die beiden haben beachtlichen Erfolg gehabt.»

Jetzt eine Frage, die Sie ärgern wird. Stimmt es, daß ein Sohn, den Sie mit einer Engländerin haben und der Ihnen zum Verwechseln ähnlich sieht, bei einem privaten Fernsehsender, dessen Stab nur aus unehelichen Kindern bekannter Showmaster besteht, Ansager ist?

«Ja, die Frage macht mich wütend. Das ist ein altes Lügenmärchen.»

Seitdem ich Sie kenne, kommen Sie mir – abgesehen einmal von dem dünneren Haar, das Sie sich vielleicht vor dem Auftritt etwas fülliger frisieren lassen (energisches, doch stilles Leugnen) – mehr oder weniger gleich vor. Man sieht kaum, daß Sie älter geworden sind, die Falten an der richtigen Stelle, und nicht einmal so viele, keine von diesen mehr oder weniger kleinen Verwüstungen, die das Alter jeden Tag auf dem menschlichen Gesicht anrichtet. Oder irre ich mich?

«Es kommt darauf an, innerlich jung zu sein. Ich lebe mit jungen Leuten zusammen, habe eine Frau, die meine Tochter sein könnte, und Kinder, die gut als meine Enkel durchgehen würden. Und beruflich ist es besser, mit jungen Leuten Kontakt zu haben (ich weiß, daß die alten mir treu sind). Das geht soweit, daß ich in den Dörfern mit ihnen auf der Piazza feiere. Das muß ein gutes Mittel gegen Falten sein.» (Außerdem auch der Versuch, selbst lähmend unangenehme Nachrichten zu ignorieren. Etwa die 1978 in Las Vegas zwischen seiner Frau Daniela und seinem Geschäftspartner geschlossene Ehe. Erst als die Regenbogenpresse mit Details aufwartet, entschließt sich der Erfinder des Rufs «Allegria!», die Scheidung zu verlangen. *Anm. d. Verf.*)

Wohl wahr, und das Lächeln, durch das nun doch ein

paar Falten auf seinem Gesicht erscheinen («ich habe mich nie liften lassen und bin der einzige, der sich vor der Sendung nicht schminkt»), verrät die Zufriedenheit und Zuversicht eines Mannes, der ganz oben angekommen ist und es genießt, daß viele Leute ihn mögen – all das, was ihn vor einigen Jahren einmal bei einem Abendessen einen außergewöhnlichen Satz sagen ließ.

Er saß also mit einer attraktiven Frau beim Essen, flirtete und erzählte seine letzten Abenteuer: Als er am frühen Morgen getaucht sei, habe er plötzlich das Gefühl gehabt, nicht mehr nach oben zu kommen und dort unten zu sterben. Sein letzter Gedanke? hatte ihn seine hübsche Begleiterin gefragt. «Daß heute Sonntag ist und es keine Nachmittagszeitungen gibt.»

Als Junge Weitsprungmeister, macht Mike Bongiorno, von Ehrgeiz getrieben, mit großen Sätzen Karriere. Im Fernsehquiz-Italien sehe ich ihn zufällig auf dem Bildschirm, nachdem Berlusconi ihn dieses Jahr gegen eine immense Summe zu Kanal 5 geholt hat. Ein bißchen zerknitterter, was nur richtig ist, die Augen ungewöhnlich klar, das vermutliche Haartransplantat unnatürlich blond, das Gesicht wie immer tief gebräunt, terrakottafarben, und mit endlich tiefer gewordenen Falten.

Er moderiert «Superflash», die x-te Nachfolgesendung von «Lascia o raddoppia?» Tödlich langweilig, lautet wie immer das Urteil der mitleidslosen Kritik. Doch Mike Bongiorno ist stolz auf seinen einträglichen Beruf: «Aus einigen Daten ergibt sich, daß ich mit meinen Sendungen in Italien 35–40 % der potentiellen Zuschauer erreiche», erklärt er. «Meine Sendung ist lebendig, beschwingt und bringt wichtige Themen zur Sprache.»

Eine scharfe Diagnose unseres Helden stellt Sergio Saviane im «Espresso» vom April 1984: «Mike Bongiorno ist es gelungen, eine so enge Symbiose mit dem Durchschnittsitaliener einzugehen, daß er kein um Glanzleistungen bemühter Showmaster mehr ist, sondern ein gegen jede Verlockung der Phantasie unempfindlicher Quizbeamter, ein automatisch funktionierender Trottel. Doch gerade indem er Geist, Ironie oder Phantasie durch dumme Sprüche, Gemeinplätze, Taktlosigkeiten, kleine Bosheiten oder Charakterlosigkeiten, durch Ticks, Manien, Untertänigkeit gegenüber Vorgesetzten, Angst vor Verlust des Arbeitsplatzes und überzogene Vaterlandsliebe – also die den Durchschnittsitaliener kennzeichnenden Eigenschaften – ersetzt hat, schafft es der aus Amerika importierte Nationalquizmaster, seine endlosen und entnervenden Sendungen zu füllen...»

Doch die boshaften Kritiker mögen schweigen. Denn Mike Bongiorno ist der erste Showmaster, der «wegen seiner Verdienste um das Fernsehen und profunden Publikumskenntnis» in die Enzyklopädie Larousse aufgenommen wurde.

Die glückliche Insel

Ein wundervoller Urlaub 1957. Mit meiner Mutter – damals schon hochbetagt, aber immer noch sehr wißbegierig und geistreich – , die das Meer außerordentlich liebte, war ich nach Sardinien, nach Santa Teresa di Gallura gereist. Frühzeitig hatten wir dort zwei Zimmer in einem Hotel reserviert, das nach Auskunft der Direktion neuer als neu war. So neu, daß sie es noch nicht fertig gebaut hatten. Die beiden Zimmer existierten nicht, und nur für eine Nacht, wie uns versichert wurde, steckte man uns in einen Raum mit einem Bett für meine Mutter und einem Schlafsessel für mich.

Amen. Wir schlafen, bis ich um fünf Uhr eine schwere Last auf meinen Beinen spüre, die Augen öffne und den Himmel durch die Decke sehe, von der ein Teil auf mich heruntergefallen ist. Und dazu schaut durch das Loch im Dach auch noch ein nicht einmal besonders erstaunt wirkender Arbeiter mit einer Spitzhacke in der Hand. Er hatte gehackt, wo er nicht hacken sollte. Wir sagen der Baustelle und der Schlafstätte unter freiem Himmel Lebewohl. Vielleicht finden wir auf der Insel La Maddalena, die man hier «Klein-Paris» nennt, etwas.

Glücklicherweise ja; wir nehmen zwei Zimmer im Hotel Gabbiano.

Eine entzückende Insel: ein Städtchen voll mit Läden, in denen man die schönen, hier hergestellten Spitzen, hervorragenden Wein aus örtlichem Anbau und Tokaier aus Alghero oder grobe, mit lebhaften Mustern bedruckte Baumwollstoffe kauft. Und die Matrosen, die Ausgang haben, bieten dem Auge viel Schönes: schneeweiße Uniformen, blaue Kragen, verführerische Blicke. Eine angenehme Überraschung ist es, hier auf ein großes Schiff mit Freunden aus Mailand zu treffen; an Bord ein sehr sympathischer Seemann und der Eigner (namens Orsino) mit Frau und Töchtern, alle sind sie nett.

Durch Orsino lernen wir die wundervollen einsamen Inseln der Umgebung kennen. Meine Mutter (die sehr wenig wiegt) wird auf Armen an die Strände getragen, damit das Frottee ihres flammendroten Bademantels, den sie am Meer so liebt («er trocknet und verbirgt», erklärt sie), nicht naß wird. Der Seemann zeigt uns Grotta del Bue Marino, beklagt die Fischerei mit Sprengstoff, weil sie den Fischen das Rückgrat bricht, sammelt für uns die schönsten Muscheln und rät uns auf See, das Luftholen der auftauchenden Delphine zu beobachten. Er ist es auch, der mittags, nachdem wir einen Strand ausgesucht haben, auf dem Rost den großen, gerade gefangenen Fisch brät; ein dicker Stein als Stütze, ein Feuer aus Pinienholz und auf dem Grill eine Zahnbrasse, mit Öl eingerieben und einem Myrtenzweig ständig leicht bestrichen.

Als er über die Natur seiner Insel spricht, rühmt er den Wildwuchs von duftendem Oleander und Rosmarin und macht uns auf die ungewöhnlich vielen Vögel aufmerksam: Nachtigallen, Amseln, Grasmücken, «deren Gesang den Himmel erfüllt». Und keine Angst, wenn einem beim Schwimmen ein Kormoran folgt (was mehrmals vorkommt), ist er doch ein diskreter Vogel, von Beruf, möchte man sagen, Begleiter, der, den Kopf abwechselnd über und unter Wasser, still und tropfend an unserer Seite bleibt.

Die Inselchen, die La Maddalena umgeben, sind Ràzzoli, Budelli (mit rosafarbenem Strand und einer Menge Wildkaninchen), Spargi, Spargiotto und Santa Maria, wo wir im Haus der Signora Maria Viggiani frühstücken (immer Fisch, duftendes Brot, zuckersüße Feigen), während um uns herum Möwen und Wildtauben fliegen. Von hier wandert man bis zum höchsten Punkt der Insel durch dichtes Buschwerk aus Myrte- und Mastixsträuchern, es gibt wilden Fenchel, Asparagus, Affodill, Melisse und am Strand Sandlilien. Unglaublich das Baden zwischen bemoosten Felsen, sichelförmigen Stränden, kleinen und kleinsten Buchten; unnachahmlich die Farben des Wassers: himmelblau leuchtend am Ufer, danach smaragden, dann indigoblau. Kein Badender in Sicht, kein Gummiboot, keine Plastiktüte im Sand, kein Touristengeschrei. Mit einem Wort: paradiesisch.

Einen großen Eindruck hatte Caprera mit seinen grauen Felsen, üppig grünen Zonen und tausend blauen Buchten auf uns gemacht. Natürlich mußten wir das weiße Häuschen besuchen, das Garibaldi sich selbst gebaut hat und das heute ein Museum ist; natürlich mußten wir in dem größten Zimmer verweilen, in das er sich sterbend bringen lassen wollte, um das Meer und Korsika zu sehen (großes Eisenbett, weiße Häkeldecke, Tüllbaldachin). In zwei Vitrinen seine Lieblingskleider: das rote Hemd ohne Kragen mit den Perlmuttknöpfen, der weiße Poncho, das rote Cape (und seltsamerweise ist niemand auf die Idee gekommen, den Touristen an den Andenkenständen Umhänge wie diese anzubieten).

Ein Gärtchen mit leuchtenden Geranien, der Gedenkstein für die Stute Marsala, die Garibaldi nach Palermo getragen hatte («im dreißigsten Jahr»), und dann, als wir in das Häuschen zurückgehen, stehen wir plötzlich vor einer voluminösen Frau im Rollstuhl. Ihre Gesichtszüge sind grob, ein schwarzer Chignon sitzt ihr mitten auf dem Kopf. Das ist Clelia, «die der Held von Francesca Ramosino hatte», wie der uns begleitende Seemann es ausdrückt. Ihr Kleid ist aus weißblauem Kattun, ihre Fingernägel hat sie hellrosa lackiert. Sie ist neunzig Jahre alt und redet mit piemontesischem Akzent wie eine Taubstumme, der man Sprechen beigebracht hat, oder ein etwas zurückgebliebenes Kind. Ohne Sinn und Verstand springt sie von einem Thema zum anderen. Wagner gefällt ihr, Verdi kaum. («Was mußte Verdi *La Traviata* schreiben, wenn doch so viele Verderbte herumlaufen?») Sie mag Bagna cauda, davon hat sie in ihrem Leben eine Menge gegessen, aber jetzt nimmt sie nur noch wenig zu sich, und niemals Milch von einer Kuh, immer nur welche von den Ziegen auf Caprera. Am Grab von Garibaldi steht eine andere, sehr ungepflegte Alte. Es ist seine Enkelin Rosa, Tochter seines Sohnes Ricciotti, die Clelia nicht unter die Augen kommen darf, nicht nur deshalb, weil sie ihre Zustimmung zur Einrichtung eines Club Méditerranée auf Caprera gegeben hat: ein Sakrileg. Doch die schmerzliche Nachricht wirkt weniger hart, da die besondere Stunde vor Sonnenuntergang angebrochen ist, in der eine Art feiner, zart fliederfarbener Dunst über diesen Inselchen liegt.

Santa Maria: Alarmsignale und Hoffnungen

Und heute? Das «Sakrileg» ist lebendiger und reicher an Attraktionen denn je (einschließlich Nachtklub). Auf La Maddalena haben sich die Uniformen der Matrosen geändert, weil hier eine amerikanische Basis eingerichtet worden ist. Auf den Straßen von «Klein-Paris» hört man englisch sprechen, während vor dem Club Méditerranée die amerikanischen U-Boote vorbeifahren. Bekanntlich sind unsere Küsten, die zu den schönsten Europas zählten, allesamt ruiniert. Bisher lediglich geplant ist jene Stadt, die sich durchgehend über Hunderte von Küstenkilometern von der Gallura nach Golfo Aranci ziehen soll, wahrhaftig eine legalisierte Zerstörung (doch es wird weiterhin davon geredet). Man muß sich einmal 5.300 Einwohner zwischen den Ansiedlern und Touristen vorstellen. Auf die geplanten sechs Millionen Kubikmeter an der Costa Smeralda, was 150.000 Saisonbewohner an einem Küstenstreifen bedeutet, der heute 20.000 aufnimmt, wollen wir gar nicht näher eingehen.

Und warum sollte der Massentourismus nicht eine bisher unverseuchte und wundervolle Insel (die letzte Richtung Korsika, mitten in der Straße von Bonifacio) ins Visier nehmen, das Santa Maria meiner Erinnerung?

Auf der Insel stehen ungefähr dreißig Häuser, von denen die meisten im Winter unbewohnt sind (ausgenommen das der Signora Maria Viggiani, die inzwischen siebzig Jahre alt ist, und das eines Schafhirten namens Pietro Sanna). Im Sommer kommen die Eigentümer, die in ihrer Mehrheit auf dem Festland ansässig sind (achtzig bis neunzig Menschen, Gäste inbegriffen). Die Häuser sind vor vielen Jahren ins

Grüne einer Insel gesetzt worden, auf der es kein Wasser gibt (man hat einige Brunnen und Zisternen), keinen Strom (Licht wird mit Petroleum gemacht, für den Kühlschrank Flüssiggas genommen) und die keine Verbindung mit dem Festland hat.

Es ist eine höchst gefährdete Landschaft, seitdem sich die beiden auf dem Festland ansässigen Neffen der Signora Maria, denen beinahe die Hälfte der Insel gehört, entschlossen haben, ihre einhundert Hektar zu verkaufen. Zu diesem Zweck haben sie sich der «Paninvest» (Sitz in Pietra Ligure, drei Millionen Gesellschaftsvermögen) anvertraut, die auf neue Art Kunden anlocken will. Sie verkauft das Gelände als ungeteilten Besitz zu Quoten von jeweils zweitausend Metern an wenigstens zweihundertfünfzig Personen, von denen sie zunächst 6,4 Millionen Lire verlangt, später dann für die Projektrealisierung eine weitere, nicht festgelegte Summe in Millionenhöhe (offenbar existiert kein Voranschlag), wenn und falls die Gemeinde die ebenso unverzichtbare wie unwahrscheinliche Genehmigung dafür gibt.

Wenn die Zeichnung von 250 Anteilen, was der Hälfte der 100 Hektar entspricht, erreicht ist, wird die «Miteigentümerschaft Santa Maria» gebildet. Ein Zusammenschluß mit dem Ziel der «besseren Nutzung» und (o weh!) «Erschließung der erworbenen Immobilien». Vorgesehen hat man: Schaffung einer Wasserleitung (doch wo graben, wenn es kein Wasser gibt?), Kanalisation (doch wo sollen die Abwässer eines Dorfes von tausend Einwohnern hingeleitet werden?), Bau eines Supermarkts, Einrichtung eines nautischen Klubs für Segeln, Surfen, Unterwasserjagd und -fotografie sowie Hochseefischerei. «Zum ersten Mal die Möglichkeit einer alternativen Investition, ein Angebot für Naturfreunde (!)» In Wirklichkeit bestände die einzige Alternative, die eines Kulturvolks würdig wäre, darin, Santa Maria und die benachbarten Inseln unter Naturschutz zu stellen.

Doch es lohnt sich, einen Blick in den bunten Hochglanzprospekt der «Paninvest» zu werfen. Ein Foto von Santa Maria, hier «Isola amica» genannt, ein Ausspruch von Plinius über diese kleinen Inseln und einer von Admiral Nelson, der den Archipel, bevor er mit seinen Schiffen zum Sieg von Trafalgar in See stach, «den schönsten Hafen der Welt» nannte. Abgebildet sind ein dicker Schifferknoten, darunter eine Libelle, ein Krug mit einem Kranz aus roten Peperoni und ein Boot bei Sonnenuntergang. In den Bildunterschriften ist von der immer wehenden Brise die Rede, ideal für Segeln und Surfen. (Man darf nicht vergessen, sagen die Einheimischen, daß der Wind das Leben auf der Insel bestimmt; der Seewind, der Westwind, der steife Wind, der tosende Wind, der oft den Schaum von den Wellen fegt und die Dachziegel klappern und durch die Luft fliegen läßt.)

Geplant sind auch Hilfseinrichtungen, Versorgungsschiffe und – wer hätte das nun gedacht? – sogar ein Schießplatz für Bogenschützen. Dies zusätzlich zur «Bereitstellung von Ankerplätzen und Bojen, Verlängerung der öffentlichen Mole in südlicher Richtung als Landungssteg für Wasserfahrzeuge aller Art, in vollkommener Achtung der natürlichen Gegebenheiten».

Man kann sie förmlich vor sich sehen, diese vollkommene Achtung, wenn sich die zweihundertfünfzig Gesellschafter hier einrichten. Wie soll sie bei wenigstens eintausend Inselbewohnern mit ihren Abfällen und Reinigungsmitteln, ihrem Getrampel und Radau erhalten bleiben, wenn Pfeile durch die Luft fliegen, Ringeltauben zur Erde fallen, Müllberge beseitigt werden müssen,

Kriminelle im Wald Feuer legen, Trottel Streichhölzer in die Macchia werfen?

Man hat die Verantwortlichen der «Paninvest» zu den voraussehbaren Schäden befragt, und ihre Antwort lautet, daß die Zahl der Anwesenden auf der Insel durch eine interne Regelung begrenzt werde, um zu vermeiden, daß alle Gesellschafter (mit ihren Familien) zur gleichen Zeit Ferien machen. Es sollen sich immer nur einhundertfünfzig bis zweihundert Personen dort aufhalten und die Einrichtungen zu ihrer Versorgung auf das absolut notwendige Maß beschränkt bleiben. Schlafen sollen sie in Zelten, wenn die Gemeinde Camping erlaubt.

Wie schade, daß Giuseppe Deligia, der Bürgermeister von La Maddalena, Ende letzten Jahres festgestellt hat, daß «die gesamte Insel unter Landschaftsschutz steht, daß das Regionalgesetz vom Mai 1981 ... vorsieht, gegen die Verantwortlichen, die Eigentümer von illegal parzelliertem Land, mit schweren straf- und verwaltungsrechtlichen Sanktionen vorzugehen, und daß auf dem gesamten Gebiet der Gemeinde freies Campen streng verboten ist».

Bravo, Herr Bürgermeister; aber Sie wissen sicher allzu gut, was aus solchen ökologischen Beschränkungen sehr häufig zum Schluß wird. Vielleicht ist das freie Campen untersagt und das organisierte erlaubt, und wenn die Zelte erst einmal stehen, kann es leicht sein, daß sie sich bald darauf in Bungalows verwandeln. Und sind wir denn nicht seit Jahrzehnten daran gewöhnt mitzuerleben, wie die paradiesischsten Gegenden unseres einstigen *Bel Paese* mit der Billigung von Regionen, Aufsichtsbehörden und Kommunen zugrunde gerichtet werden?

Kurz gesagt: Die «Naturschutz»- und «Kultur»-Initiativen der «Paninvest» beunruhigen alle diejenigen, denen die Erhaltung der Insel am Herzen liegt. An den Tagen der Sommermonate, an denen sie erreichbar ist, drängen sich an dem einzigen Strand außer den achtzig bis neunzig Inselbewohnern nicht weniger als dreihundert Tagesausflügler aus verschiedenen Touristendörfern an der Küste. Dabei nicht mitgezählt ist jene mindestens einhundert Personen starke Gruppe, die mit Schlauchbooten oder großen Privatyachten anreist. Der Badestrand ist also vollkommen ausgelastet, und die Folgen davon sind unübersehbar. Papier- und Plastikabfälle gehören dazu. Die Eigentümer der Häuser am Strand haben es sich angewöhnt, sie abends einzusammeln.

Kurz gesagt: Nein zu den «Naturschutz»- und «Kultur»-Initiativen der «Paninvest». Nein zu dem Versuch, eine Insel kaufen zu wollen und damit für immer zu zerstören, die von den Einheimischen als «wunderschön, doch unbequem» bezeichnet wird. Und das ist sie auch wirklich, und nicht so, wie die Spekulanten sie darstellen. Bleibt also zu wünschen, daß die Gesellschaft keine zweihundertfünfzig Anteilskäufer findet. Zuletzt (und hier muß der Gemeindevorstand von La Maddalena standhaft bleiben, darf keine Kompromisse eingehen, nicht an zukünftige Vorteile glauben) ein entschiedenes Nein zu dieser x-ten «operazione all'italiana».

Und auch die Käufer der Anteile sollten achtgeben. Heute investieren sie eine relativ bescheidene Summe (6,4 Millionen Lire), doch ungewiß ist, welchen Betrag sie für den Bau der Anlagen aufwenden müssen (und dann können sie sich nicht mehr zurückziehen). Und vor allem: Die behördlichen Genehmigungen sind noch nicht beantragt worden, und wenn das Gesetz geachtet wird, dürften sie niemals gegeben werden. Falls sich also erweist, daß das Projekt nicht zu verwirklichen ist, was können dann die Anteilseigner tun, um ihr Geld zurückzubekommen?

Trotz der Hochglanzprospekte und obwohl man den Einheimischen verspricht, sie würden reich, hat es zahlreiche Proteste gegeben. Ein im Frühjahr 1984 in «Panorama» erschienener Artikel über die schändlichen Absichten der «Paninvest» hat Aufsehen erregt und scharfe öffentliche Stellungnahmen gegen das alarmierende Projekt ausgelöst. Die Berichte an die Staatsanwaltschaft, die Naturschutzorganisation «Italia Nostra» und das Umweltministerium duldeten keinen Aufschub mehr. «Da braucht es schon mehr als Zeitungsartikel und schimpfende Journalisten, um uns aufzuhalten», erklären einige Angestellte der «Paninvest» dreist, als sie im April die Insel besuchen.

Nur daß in Santa Maria am 2. Mai zwei Korvetten des Hafenkommandos mit Vertretern der Gemeinde und Carabinieri an Bord einlaufen, während vor dem Haus der Signora Maria ein Hubschrauber der Carabinieri landet. Die Besucher bleiben drei Stunden auf der Insel, stecken die Grundstücke ab und machen Luftaufnahmen von der aktuellen Situation. Eine «Bestandsaufnahme», veranlaßt von der Staatsanwaltschaft Tempio Pausania, die gleichzeitig die Behörden warnt, irgendwelche Genehmigungen zu erteilen. Und die ihrerseits schon überzeugte Koalition aus Christdemokraten und Sozialisten, von der die Gemeinde regiert wird, läßt den «Basisplan», den die Gesellschaft von einem Architekturbüro in Savona hat ausarbeiten lassen, ungeprüft zurückgehen. Auch das kommunistische Mitglied des Gemeinderats spricht sich gegen die Initiative aus. Im Augenblick scheint also nichts verloren, und viel Verdienst an diesem Sieg hat die «eingefleischte» Insulanerin Maria Viggianti, «die Seele des Kampfes», wie sie die Tageszeitung «La nuova Sardegna» nennt.

Keusch und jungfräulich

Für die Angehörigen adliger oder großbürgerlicher Familien sind die fünfziger und frühen sechziger Jahre, was den Bereich Flirt, Gefühlsdinge und Sexualität angeht, ein Desaster gewesen; moralische Wunderjahre könnte man sie nennen. Überzeugt davon, eine strenge Moral hüten zu müssen, jedenfalls den muffigsten Konventionen verhaftet, hatten viele Eltern begonnen, ihre Söhne und Töchter zu demütigen, wenn es ihnen gelang, in den Taschen der Schulkittel irgendwelche Briefchen aufzuspüren. («Ich liebe dich», «Wie schön du bist, ich möchte dir einen Kuß geben» – und alles endete mit einem Erröten und häufig dem unklugen Verwahren der Botschaft).

Feste für die jungen Leute waren zumeist ländliche Picknicks oder – nachdem diese auserwählten Sprößlinge den «Tanz-Carré», also eine Schule, in der man Walzer und Foxtrott lernte (keinen Tango), besucht hatten – Tanzveranstaltungen.

Eine Mutter aufmüpfiger Kinder von heute erinnert sich, daß bei einem solchen Fest für Dreizehnjährige ein Junge eine Gleichaltrige gefragt hatte: «Und wie heißt du?» – «Emanuela Rossi.» – «Und weiter?» sagte der Junge ungeduldig. «Was weiter?» – «Das Prädikat. Hast du denn keins?» Nein, sie hatte keins – und nicht einmal gleich verstanden, was er meinte. Die Mädchen erschienen zu diesen kleinen Feiern maskiert (oft waren es Kostümfeste) und mit der Gouvernante, die sie keinen Moment aus den Augen lassen durfte, im Schlepptau.

Die beiden letzten «feinen» Feste in Mailand fanden 1958 und 1960 statt. Nur heiratsfähige Mädchen und Jungmänner sowie Paare, die soeben in den heiligen Stand der Ehe getreten waren. Ohne Ausnahme ausgeschlossen blieben die «Zivilen», die sich nicht in der Kirche hatten trauen lassen, auch wenn es sich um Freunde handelte. 1960, im Hause Cicogna, war Frack obligatorisch, Damen wie Herren trugen weiße Glacéhandschuhe und hielten beim Tanzen eine schickliche Distanz unterhalb der Gürtellinie ein.

Es konnte geschehen, daß ein der sogenannten Elite der Gesellschaft angehörendes Mädchen, bevor sie zum ersten Male an einem Ball der Achtzehnjährigen teilnahm, zum Pfarrer geschickt wurde, um von diesem einen speziellen Segen erteilt zu bekommen. Die ersten dekolletierten und ärmellosen Unterröcke lösten bei den Müttern Entsetzen aus: Was war denn das für Unterwäsche ohne Ärmel statt der langärmligen Leibchen, die alle anständigen Mädchen trugen? Und die Büstenhalter? Wehe denen, die den Busen betonten, ihn impertinent hervorhoben, seine Form unterstrichen, ihn unter dem Kleid quasi ahnen ließen. An Sexualerziehung dachte niemand auch nur im Traum, und so waren es ungemein unbehagliche Momente, wenn ein Junge oder ein Mädchen eine Frage stellte, die man für unschicklich hielt. «Mama, was heißt schwanger?» wollte ein kleiner Junge wissen; und die

Mutter, streng wie die beleidigte Wahrheit, antwortete: «Scht, solche Worte nimmt man nicht in den Mund.»

Eine andere Mutter, die wie ihre Freundinnen von sich aus nicht aufklärte, sondern «auf Fragen antwortete», gibt heute zu, sich allzu eilig und dumm geäußert zu haben, als ihr elfjähriger Sohn, der mit seinen kurzen blauen Hosen und seinem Schulranzen vor ihr stand, zu ihr aufblickte und fragte: «Mama, warum werden nach der Hochzeit Kinder geboren?» Und sie, die auf die Frage nicht gefaßt gewesen war, entgegnete: «Das ist die Kraft des Sakraments.» Noch heute nehmen ihre Söhne, die ständig ihre «Braut» wechseln, sie liebevoll auf den Arm, wenn sie findet, daß zuviel ist, was zuviel ist. «Mama, das ist die Kraft des Sakraments.» (Und sie meinen mit Sakrament nicht den Bund der Ehe, sondern einfach das Ins-Bett-Gehen mit wem sie wollen).

Andere überstrenge Eltern («es ist nicht wichtig, ob ein Mädchen schön ist, es genügt, wenn es anständig ist»), die ihre Tochter dreizehn Jahre lang zu den Nonnen und danach zur katholischen Universität schickten, prägten sie damit derart, daß diese, als es bei einem Fest einem Jungen gelang, ihr einen Kuß zu geben (sie war 21 Jahre alt), wochenlang verstört blieb, weil sie sich ängstigte, was ihre Eltern, die ständig von Sünde und Höllenstrafen sprachen, wohl denken, meinen oder tun würden. Ihre Mutter sagte ihr vor der Heirat nichts, und die Unerfahrenheit ihres Bräutigams in Liebesdingen, unberührt, wie damals in der vornehmen Gesellschaft üblich, erleichterte die Ehe sicherlich auch nicht gerade. (Als Verlobte hatte sie in Begleitung ihrer Eltern eine Reise zu Verwandten in einer anderen Stadt unternommen, um ihren zukünftigen Mann vorzustellen; sie schlief bei Papa und Mama im Hotel, ihr Verlobter übernachtete in einem anderen.)

Eine Mutter heranwachsender Söhne wurde Anfang der sechziger Jahre von einem aus der schwarzen Aristokratie (dem berühmten «Cappuccio») und dem reaktionären Großbürgertum gebildeten Kreis eingeladen. Man fragte, ob sie, wie man doch hoffe, damit einverstanden sei, alle gemeinsam eine Prostituierte zu «mieten», natürlich eine gewaschene, gesäuberte und gehörig desinfizierte, um «unsere Söhne auf diesem Gebiet» zu erziehen. Sie war angewidert, sagte nein und wurde von da an nie wieder in jene Häuser eingeladen. Berühmt werden sollte der Satz eines feinen Fräuleins des «Cappuccio», das am Tage vor der Hochzeit einer Freundin anvertraut hatte: «Was mich beruhigt, ist, daß noch alle Frauen, die ich kenne, von der Hochzeitsreise zurückgekommen sind.»

Doch Fehltritte gab es natürlich auch damals. Eine äußerst streng erzogene Fünfzehnjährige, die aus familiären Gründen nach Amerika gehen mußte und dort ein College besuchte, richtete nach einigen Monaten an einen Jungen des benachbarten College eine mehr als gewagte Aufforderung: «Rape me. I need it.» Wenige erfuhren damals von der bildschönen Achtzehnjährigen, die, jeder familiären Kontrolle entflohen, mit einem Jungen ins Bett gegangen und schwanger geworden war.

Abtreibung kam nicht in Frage; das Mädchen wurde in die englische Provinz geschickt, um die Sprache zu lernen, und als sie eine Tochter zur Welt brachte und zurückkehrte, gab man die Kleine zu einer Amme, ohne daß die Sache bekannt wurde. Den Eltern der jungen Mutter, die selbst noch jung waren, gelang es dann, das Kind zu adoptieren. Als ihre Tochter dann einen Mann fand und ihren Bräutigam in die Familie einführte, stellte man diesem das zur übergroßen Freude von Mama und Papa nach so vielen Jahren geborene Schwesterchen vor. Der Mann ahnte nie etwas, für ihn war sie jahrelang eine ganz reizende kleine Schwägerin; heute ist sie schon geschieden.

Familienneuigkeiten

Wenn es 1968 eine Revolution gegeben hat, dann war dies vor allem eine sexuelle Revolution: Tabus wurden gebrochen und Konventionen erschüttert. Freiheit um jeden Preis in den Beziehungen, man geht ins Bett, wie man ins Café geht, Partnerwechsel und -tausch sind keine Dramen, das Zusammenleben von zwei jungen Leuten ist eine Art Experiment und dauert halt, solange es dauert, bei einer Trennung ist an alles gedacht, es besteht absolut keine Notwendigkeit, Papa und Mama irgend etwas zu erklären.

Sehen wir uns den Fall großzügiger Eltern an. Es ist die Mutter, die am Morgen als erste bemerkt, daß der achtzehnjährige Sohn seine Freundin mitgebracht und sie bei ihm geschlafen hat. Wie soll sie sich dem Mädchen und eventuell anderen Familienmitgliedern (etwa den jüngeren Brüdern oder dem Großvater) gegenüber verhalten? Und wie soll sie die Eltern des Mädchens behandeln, die von diesen leidenschaftlichen Begegnungen keine Ahnung zu haben scheinen? Die Besuche ansprechen oder so tun, als ob nichts sei?

Parole: Nicht mit der Wimper zucken. Die kleinen Brüder kennen die neuen Sitten schon und wundern sich nicht; der Großvater wird mit aller Vorsicht «umerzogen». Schweigen gegenüber den Eltern des

Mädchens, mit denen man normalerweise keinen Umgang pflegt. Am meisten terrorisiert es die jungen Leute, wenn ihre Eltern sich kennen, sich treffen und über sie sprechen. «Die Sache geht euch nichts an; das ist ganz allein unsere Beziehung.»

In Wirklichkeit gibt es doch Eltern, die mit der Wimper zucken. So geschehen etwa dem Vater eines jungen Mädchens, das eines Abends mit ihrem Freund in der Zweitwohnung in den Bergen auftaucht. Sie geht mit ihm Richtung Gästeschlafzimmer, als der Vater wutentbrannt seiner (über alles geliebten, doch aufsässigen) einzigen Tochter verbietet, mit ihrem Gefährten über diese Schwelle zu treten, und beiden die Tür weist. «Wenn ihr wollt, geht doch ins Hotel!» brüllt er. Die beiden verlassen das Haus, schlagen im Garten ihr Zelt auf und verbringen die Nacht in Schlafsäcken. Am zweiten Tag fängt es an zu schneien; der Vater schluckt seine Wut hinunter und läßt die beiden wieder ins Haus, was einer Billigung des ersten Abenteuers seiner Tochter gleichkommt.

Keineswegs wütend dagegen ist ein Mann, der dann doch mit Vorwürfen eingedeckt wird. Als er einen Flügel in seinem großzügigen Haus am Meer betritt, sieht er, daß seine Frau ihrer hübschen Nichte (am Abend davor mit ihrem Verlobten angekommen) behilflich ist, ein Doppelbett wieder in Ordnung zu bringen. «Ach, ich wußte nicht, daß ihr wie Eheleute lebt», sagt er verwundert, aber nachsichtig lächelnd. Nicht gefaßt war er auf die zornige Antwort des Mädchens: «Wer hätte bei deinem ach so liberalen Auftreten je gedacht, daß du in Wirklichkeit derart ekelhaft repressiv bist? Ich hätte verdammt noch mal wissen müssen, daß du im Grunde immer ein Reaktionär gewesen bist. Schämst du dich nicht? Solltest du aber!»

Um das Thema reaktionäre Eltern (die anderen sind es notgedrungen nicht mehr) gleich abzuschließen, hier der Fall von Eltern, die es nicht ertragen können, daß ihr noch nicht achtzehnjähriger Sohn zu Hause Liebe macht. Der Junge kennt sie gut und wagt nicht, sie darum zu bitten. Doch mit der Zeit faßt er ein wenig Mut. Er fragt sie, ob sie nicht meinten, wo sie doch den ganzen Tag arbeiteten, daß es ihnen guttun würde, am Wochenende aufs Land zu fahren. Den Eltern ist alles klar, und jetzt sind sie gezwungen, samstags und sonntags Urlaub zu machen, nur damit das Haus frei ist und die beiden Verliebten unter einer Decke stecken können. Und die Abfahrts- und Ankunftszeiten sind möglichst genau einzuhalten.

Oder die Eltern, die kein Recht auf Information oder Kritik mehr haben («Machst du dir denn klar, was das heißt? Du zwanzig und sie neunundzwanzig und auch noch geschieden?» – «Was, sie ist fünfzehn? Weißt du, daß du Gefängnis riskierst?» – «Guatemaltekin hast du gesagt? Und in welcher Sprache redet man mit ihr?»), jedoch stillschweigend die Pflicht, den jungen Leuten das Haus auf dem Land, am Meer, im Wald, am Rande des ewigen Eises zu überlassen. Gruppenweise ziehen sie dorthin, zwei oder drei Pärchen gemeinsam, und das Zweithaus wird ihr Freiraum.

«Aber ja», sagt eine überaus geduldige Mutter, «die Sache ist ein wenig lästig. Sie belegen unsere Betten und auch die der Großeltern.» Und wenn sie ankommen, während sie im Hause ist? «Ich schaue sie mir an, als wäre ich im Zoo; wie sie aufstehen, sich Kaffee kochen, das Zimmer aufräumen (erbärmlich). Und die ‹Bewegung› würde ich im höchsten Grade provinziell nennen. Ich finde in den Betten immer die Söhne und Töchter meiner Freundinnen.»

Die wirkliche Familie dieser Jugendlichen ist die Gruppe. Mögen sie auch Erwachsenen nie irgend etwas erzählen, mit ihresgleichen sitzen sie stundenlang zusammen, um über ihre Beziehungen zu reden, sie zu analysieren und zu diskutieren. Sie sprechen nicht über Sex – ach was! – , sondern nur über Beziehungen, warum die einen weiter gut miteinander zurechtkommen, während die Beziehung zwischen zwei anderen zu Ende ist.

«Ich tue alles, um zu verstehen», fährt unsere Mutter fort. «Ein neues Mädchen? Gut, man feiert einen Akt des Lebens, wie in *Fanny und Alexander* von Bergman.» Und das neue Mädchen hat die Chance, mit der Pseudoschwiegermutter eine einverständliche Beziehung herzustellen. «Meinen Sohn zu lieben ist wie ein Schlüssel zu meinem Herzen. Doch die Partnerin ist austauschbar, und der Junge erklärt nicht, warum er wechselt. Und ich muß dann ein neues Einverständnis aufbauen. Offen gesagt, ist es ein bißchen hart, das gebe ich zu.»

Wenn man aufmerksamen Eltern zuhört, erfährt man, daß viele Mädchen ein recht aggressives Verhalten gegenüber ihrem Partner, den dies manchmal verunsichert, an den Tag legen, auch auf spitze Bemerkungen nicht verzichten und sich dabei bis zu einem gewissen Maße einer gewalttätigen Sprache bedienen. Mädchen, die – manchmal sechs oder sieben Jahre – älter sind als ihre Partner, kommen zu dem Schluß, daß für sie der Mann nichts anderes ist als «ein Spielzeug». Und nicht immer, aber oft ist es der Junge, der vom problemlosen Sex des Mädchens, von dem durch die Pille freien Sex, also von einer Frau, die nach einer Begegnung eine andere und dann noch eine andere sucht, geschockt und demoralisiert ist; und der treuere Teil ist immer er.

Sie bewegen sich in Gruppen, haben wir gesagt. Und

nun schauen wir uns eine Ehe an, die vor ungefähr zwanzig Jahren geschlossen wurde, um zu sehen, aus welchen Mitgliedern eine solche Gruppe bestehen kann. Damals heiraten Malvina und Marco. Kurz davor hat dieser das Kind einer Frau, die ihn nicht heiraten wollte, als seine Tochter anerkannt. Malvina und Marco haben zwei Kinder, doch ihre Ehe geht nach und nach in die Brüche; die beiden trennen sich, und Malvina tut sich, während die Scheidung auf sich warten läßt, mit Paolo zusammen und bekommt mit ihm gemeinsam wiederum zwei Kinder. (Paolo seinerseits hat schon vorher ein Kind mit einer Studentin namens Mara.)

Als Mara Fulvio heiratet, bekommt auch sie zwei Kinder. Überraschend ist nun, daß alle diese so fruchtbaren Menschen nicht nur gute Beziehungen untereinander haben, sondern auch gar nicht selten die gesamte Sippe versammeln. Und dann übernimmt Malvina, eine Frau von Charakter, die Aufgabe, die «Großgruppe», wie man sie nennt, eine Zeitlang, etwa in den Weihnachtsferien oder vierzehn Tage im Sommer, zu leiten. Dazu gehören also ihre beiden Söhne, die uneheliche Tochter ihres Mannes, die beiden Jungen, die sie zusammen mit Paolo, den sie später heiraten konnte, hat, die Tochter, die Mara vor ihrer Ehe von Paolo bekommen hat, und die beiden Söhne von Mara und Fulvio. Acht nette Kinder, von denen einige schon alt genug für die Liebe sind, weshalb man ein Auge auf sie haben muß, um gefährliche Verwicklungen zu vermeiden.

Der Tempel von Mailand

«Eine Bank in der Kirche, eine Loge in der Scala, ein Grab auf dem Monumentale.» Seit wenigstens hundert Jahren sind dies stets die sozialen Prestigesymbole der aristokratischen und großbürgerlichen Familien Mailands gewesen. Drei Mythen, von denen die Scala – roter Samt, alte Spiegel und vergoldete Friese in den schönsten Logen – sicherlich der begehrteste war. Eine Tradition der großen Unterhaltung: Maskenbälle während des Karnevals, Abendessen im hinteren Bereich der Bühne, wo es sogar Herde und Tischchen fürs Glückspiel gab. Und bedachte man die betreßten Logendiener mit einem guten Trinkgeld, hüllte an manchen Abenden Schweigen und Geheimnis ein, was auf dem roten Samt geschah: die Umarmung des musikbegeisterten und ehebrecherischen Paars während des Liebesduetts im zweiten Akt des *Tristan*, mit seinen erregenden, mitreißenden Repetitionen und der Beschleunigung am Ende, die fast ein Galopp ist, ein Klassiker des Erotismus.

Wie hat sich das Publikum der Scala im Laufe der Zeit verändert? Natürlich ganz erheblich. Die größte Bühne war immer mit der gesellschaftlich-politischen Entwicklung der Stadt verknüpft, und in diesen letzten Jahren ist der Wandel noch schneller vonstatten gegangen; Grund dafür ist, was von Fachleuten die kontinuierlich ansteigende «Nachfrage aus dem progressiv-expandierenden Tertiärsektor» genannt wird. Ich erinnere mich an die Rückkehr Toscaninis im Mai 1946, an sein erstes Konzert, als die Fassade noch beschädigt war und das «Va pensiero» brausenden Beifall erntete. Bürgermeister Greppi in Grau, Nenni in Braun, im Publikum zahlreiche alliierte Militärs, einige sogar mit ihrer Jacke auf den Knien und bis über die Ellbogen aufgekrempelten Hemdsärmeln, während viele Mailänder den Smoking aus der Versenkung geholt hatten und die Damen ihre kleine Abendgarderobe trugen, noch keine Aigretten und Federfächer, die Juwelen fast alle noch im Safe. Die einzige Straußenfederboa war die der Blumenfrau Amelia Zampiceni, wehmütig-elegant ganz in Schwarz gekleidet, schwarz auch der Lidstrich und die Boa um ihren Hals. Drei Generationen von Visconti, Boito und Puccini hatte sie Blumen verkauft, doch sie flehte die Journalisten an, sie bitte nicht als «alte Blumenfrau der Scala» zu bezeichnen. Toscanini holte sie am Abend seiner Rückkehr auf die Bühne.

Das Verlangen, die finsteren Kriegszeiten zu vergessen und den Entbehrungen der Nachkriegszeit etwas entgegenzusetzen, führt zu glanzvollen Abenden. Niemand kommt auf den Gedanken, daß fremde Hände nach Colliers oder Perlen greifen könnten. Und so wird zur wirklichen Wiedereröffnung der Scala nach dem Krieg *Othello* mit Ramon Vinay unter Leitung von De Sabata gegeben.

Wally Toscanini, First Lady der Musik und der mondänen Gesellschaft, ziert mit ihrem maliziösen Lächeln die Loge der Generalintendanz, alle Logen sind mit roten Rosen geschmückt, Abendgarderobe ist vorgeschrieben, Dior kommt ganz groß mit seinem New Look heraus, während Paradiesvögel über Haarteilen schwanken oder sich zu einem Wangenkuß herabneigen. Bei modernen Juwelen erregen im allgemeinen die von Faraone das größte Aufsehen, funkelnde Colliers und auch Diademe; über die Kleider fallen Weißfüchse und Hermeline; Achtung auf die Schleppen im Foyer; die jungen Mädchen erscheinen alle in Weiß, manchmal ein hübsches Spiel mit transparenten Stoffen, sehr häufig Modelle, bei denen eine Schulter frei bleibt.

Der bekannte Gynäkologe Nava ist in Frack, Cape und Chapeau claque. Nava ist Pate einer ganzen Reihe reicher Neugeborener in Mailand und hilft auch den Kindern wohlhabender Seiden- und Baumwollfabrikanten aus Como ans Licht der Welt. Wenige Monate später wird man ihn in Como mit vor Ergriffenheit zerfurchtem Gesicht bei der Beerdigung des Industriellen Carlo Sacchi sehen, der in Villa d'Este von der Contessa Bellentani aus Eifersucht ermordet wurde.

Und dann die Jahre des Wirtschaftswunders zwischen 1950 und 1960 – da gibt es ganzseitige Illustriertenberichte darüber, wie sich eine bekannte Mailänder Schönheit für die Scala zurechtmacht (Garderobe, Schmuck, Frisieren, Schminken), und ferner die gigantischen Diamanten der Robiolina (liebevoll so nach dem gleichnamigen Käse, dem sie ihr Vermögen verdankt, genannt), den Familienschmuck, der von Giuseppina Crespi nur bei Scala-Besuchen und am Josefstag getragen wird, das Dekolleté der Marchesa Anna Casati (die später von ihrem eifersüchtigen Mann in der Villa in Arcore umgebracht wird); und da sind die Merzagora, Falck, Fossati Bellani, Brusadelli,

Pirelli, Mondadori, Valerio, Feltrinelli, Bonomi, Targetti, Tofanelli, Castellini, die großen Familien des Besitzbürgertums, und neben den edlen, hochgestellten Damen die Helden ihrer Boudoirs, ökonomisch unwiderstehlich, das Gesicht von Kreuzfahrten sonnengegerbt, namhafte Börsenmakler, Abkömmlinge großer jüdischer Dynastien (die Männer im korrektesten Frack) und die schönen Debütantinnen: Lilly, Lety, Chippy, Diamante und Cocò. Es sind die Jahre des harten, mit Hacken und Trillern geführten Kleinkriegs zwischen den beiden Nachtigallen Callas und Tebaldi, der Momente höchster Dramatik hat; vergebens bieten sich der Chefredakteur des «Corriere della sera» Missiroli und Erzbischof Montini, der spätere Papst Paul VI., als Vermittler an.

Allerhöchste Aufregung, als Richard Burton und Liz Taylor kommen (fünf Berichterstatter des «Corriere della sera» im Saal), und dann einige Jahre später Fürst Rainier und Grace, zusammen mit der Begum und Onassis, um der Callas zu applaudieren. Der Couturier Pierre Balmin erscheint in Frack, weitem, schwarzem, mit weißem Atlas gefüttertem Umhang und Stöckchen mit Silberknauf; Jack Casnedi, elegantester Dandy Italiens, wie immer mit blauer Blume im Knopfloch, ziert in heraldischer Pose die Proszeniumsloge des Clubino, einen Ellbogen auf der Brüstung, das Kinn in die Hand gestützt; die Fotografen stürzen sich sowohl auf das Mädchen in silbernen Shorts als auch auf die von Kopf bis Fuß in Gold gekleidete Dame; es sind die Zeiten, in denen die «Kinder des Olymp», also die Zuschauer auf der Galerie, blauen Anzug und silberne Krawatte tragen.

Nach dem *Poliuto* von 1960, als die Stimme der Callas schon schwankt, läßt die Angst vor einer sich anbahnenden Mitte-Links-Regierung auch die Scala erzittern.

Während ihr Schwiegervater Giulio Riva sich nach und nach ans Melodram gewöhnt und in der Villa in Saronno Satrapenfeste gibt, deren Gästeliste er von Bewunderern der Reichen und Neureichen, die alle Welt in Mailand kennen, zusammenstellen läßt, erheben sich eines Abends, als Luisella, die blonde, immer elegante Frau von Felicino, ihre Loge betritt, auf den Rängen Schreie und Beschimpfungen. Und dann segeln Protestflugblätter ihrer Belegschaft – die der am Rande des Bankrotts stehenden Baumwollspinnerei Dell'Acqua – herunter.

Die 68er Potestaktion von Capanna ist zu bekannt, um an den roten Lack und die Eier (frische, keine faulen, wie der Studentenführer später präzisiert) auf den Abendkleidern erinnern zu müssen. Jedenfalls war dies der Grund für die Flucht aristokratischer und reaktionärer Familien (zudem entschiedene Gegner der Verwaltung des Sozialisten Grassi und der Konzerte am 25. April, dem Tag der Befreiung), die weitgehende Verbürgerlichung der Scala und den vorübergehenden Verzicht auf die Zurschaustellung von Luxus. (1970 riefen Jugendliche den hochtoupierten Glitzerdamen am Eingang «Pinelli und Valpreda wünschen euch gute Unterhaltung!» zu.)

1980 aber sind bei *Falstaff* die schönsten Pelze die der Männer, auch bodenlange Nerzmäntel, und die eleganten langen Kleider sind auch noch da, allerdings trickreich, etwa mit Hilfe von Sicherheitsnadeln unter den Mänteln, gekürzt.

Heute ist die Nachfrage nach Logen wieder so stark, daß Neuvergaben unter Aufsicht eines Notars verlost werden. Es gibt drei Abonnementsreihen: A, B und C; manche Logen sind noch im Besitz von Familien, in denen sie vom Vater an den Sohn weitergegeben werden, viele gehören Neureichen. Es gibt noch die Proszeniumsloge des Clubino (erste Reihe links), doch sie wird nicht mehr mit der Unione (dem Club sparsamer Adliger) geteilt, dafür hat man die beiden benachbarten Logen gemeinsam mit den Dadi, und auch hier wechseln Namen und Gesichter. Um zu erfahren, wie sich das Publikum verändert hat, ist es sehr nützlich, mit dem jungen bärtigen Dottore Gregorio Sangiovanni, der für die Öffentlichkeitsarbeit zuständig ist, und seiner tüchtigen Mitarbeiterin, der blonden Marisa Mezzadri zu sprechen.

Eine bedeutsame Neuheit ist, daß die Nachfrage nach Logen und Parkettplätzen heute zum großen Teil aus der Welt von Industrie, Handel und Banken kommt. Firmen wie Bayer, Pirelli, Lepetit, Henkel oder Bracco benutzen die Loge, um zu repräsentieren, als PR auf hohem Niveau. An einem Abend ein wichtiger Kunde, am nächsten eine ausländische Delegation – viel musikbegeisterter als die Italiener – oder der Generaldirektor mit seinem Gefolge. Das Ergebnis? Daß im Schatten der Scala über Millionengeschäfte entschieden wird.

Wegen all dem ist eine ausschließlich den Unternehmen vorbehaltene Abonnementsreihe eingeführt worden, die Reihe D.

Eine weitere Neuheit: Die Scala weiß, daß sie den Unternehmern einen sehr nützlichen Dienst leistet, daß sie ihnen zu Prestige und Chic verhilft, und verlangt dafür auch eine Gegenleistung. Bekanntlich sind die staatlichen Zuschüsse ständig im Sinken begriffen, und wer versucht, immer gute Aufführungen zu zeigen, bittet daher das produzierende Mailand um Unterstützung für sein Theater. Natürlich ist da der Preis für das Abonnement, doch scheint auch ein spürbares Zeichen der Anerkennung angebracht (für die privilegierten Plätze, für die Möglichkeit des Vorstellungswechsels), kurz: eine einmalige

Spende, die der häufig in argen Schwierigkeiten steckenden Bühne hilft.

Das neue Publikum besteht nicht nur aus den Repräsentanten von Banken, Firmen und deren Gästen, sondern auch aus Leuten, die vielleicht durch das Fernsehen, die heutzutage perfekten Plattenaufnahmen oder die häufigere Wiederaufführung vergessener Stücke zu Musikliebhabern geworden sind, und auch aus sehr vielen jungen Menschen, die sich aus eigenem Antrieb mit Musik befassen. Wenn also der mittlere Angestellte sechzig- bis fünfundsiebzigtausend Lire für einen Parkettplatz im freien Verkauf übrig hat, wird sich die Akkulturation der Geschäftswelt, aus der dann vielleicht in zehn Jahren mehr als die Hälfte der Zuschauer kommen, fortsetzen.

Nicht zu unterschätzen ist die Bedeutung jener stolzen Zunft der Zuschauer auf der Galerie, die oft als rebellisch, unberechenbar, hysterisch und streitsüchtig betrachtet werden. In Wirklichkeit handelt es sich um Leute (früher achthundert, heute aus Sicherheitsgründen nur noch sechshundert, darunter immer mehr junge und sehr junge), die von einer Leidenschaft zur Musik besessen sind, die Opern lieben und sie gründlich kennen. Es sind Studenten, Arbeiter, Angestellte, Freiberufler, die zumeist alles nur Denkbare über Atemtechnik, Triller, Phrasieren oder das hohe C wissen. Und außerdem haben sie einen Hang zum Märtyrertum, denn abgesehen von dem scheußlichen Schlangestehen, stehen sie auch die ganze Zeit im Theater, vielleicht sogar seitlich, wo sie nichts sehen können, sondern mit hoher Sensibilität für Rhythmen und Töne nur zuhören, wie Blinde. Es stimmt nicht, daß sie Skandale provozieren, um diesen oder jenen Sänger oder den Dirigenten anzugreifen, gewiß jedoch sind sie die ersten, die bei mangelhaften Leistungen pfeifen, und ihre Proteste, von überzogenen Reaktionen einmal abgesehen, stimmen dann häufig mit denen der Kritiker in den Zeitungen überein.

So ist die Scala heute – doch der «Tempel des Piermarini» ist mir von Kindheit an vertraut gewesen, dank der Frau, die in unserer Familie die berühmte Tante Camilla werden sollte (und der wir schon in «Die kranke Kette» und «Ein Alarmschrei» begegnet sind).

Tante Camilla hatte eine Loge in der Scala (Proszenium, vierte Reihe rechts), die ihr vom Marchese Poldi Pezzoli vermacht worden war. Sie war steinreich, extrem knausrig, liebte Musik und sammelte Juwelen. Wegen diverser Krankheiten, darunter Wassersucht, war sie beinahe immer ans Bett gefesselt. Sie ging nur aus, um die Scala zu besuchen, schleppte sich dann in Pantoffeln und wallendem Morgenrock mühsam die Hintertreppe hoch. Doch ihre Brust im wallenden Morgenrock (aus karmesinrotem, mit Spitzen besetztem Samt, mit dem meine Mutter nach Tante Camillas Tod einen Sessel bezogen hat) war mit einer Unmenge Juwelen übersät, so daß sie von ferne glitzerte, und wer kein Opernglas benutzte, konnte sie für die eines hochdekorierten Generals halten. Zur Premiere legte sie die Perlenkette an, die genauso war wie die von Königin Margherita und normalerweise im Tresor der Banca Commerciale verwahrt wurde, während sie bei Wiederaufführungen die exakte Kopie trug, die sie sich von einem Juwelier ihres Vertrauens hatte anfertigen lassen. Zwanzigmal *Rheingold* war ihr Rekord als Scalabesucherin.

Für Gäste brachte sie ein Tütchen Bonbons von Baratti & Milano mit, nachdem sie vorher die weniger guten – Café, Crème caracca, Ratafià, Pragelato-Honig – für sie herausgesucht hatte. Meine Mutter saß sehr oft an ihrer

Seite in der Loge, und die Tante, mit dem perlmuttüberzogenen Zeiss-Glas in der Hand, fand großes Gefallen daran, über die bekannten Schönheiten herzuziehen, die die anderen Logen zierten. «Wenn man Schlechtes sagt, irrt man sich nie», war einer ihrer Lieblingssprüche. Meine Mutter erinnerte sich daran, daß sich in den Jahren nach dem ersten Weltkrieg zahlreiche Zuschauer in jenem magischen Augenblick, wenn die Lichter langsam verlöschen, zur Loge des Hauses Toscanini (zuerst die Nr. 8 in der dritten Reihe, dann die Nr. 12 in der zweiten) hinwandten, wo Wallys bildschöner Kopf aus meterlangem Tüll (jeden Abend eine andere Farbe) oder hinter riesigen Fächern aus rosa und schwarzen Straußenfedern hervorragte. Und durch die ganze Scala ging ein Raunen der Bewunderung.

Wally war als reizvolle Frau bekannt, aber auch, weil sie im Mittelpunkt des Jahrhundertskandals der mondänen Kreise mit einer der ersten Scheidungen in der Mailänder Gesellschaft gestanden hatte. Mit achtzehn Jahren hatte sie sich in einen Mann verliebt, der nicht frei war und den sie erst nach zwölf Jahren in Budapest heiraten konnte. Meine Mutter belustigte sich auch über gute Freunde (er war Vorsitzender des Vereins für öffentliche Moral), die ihren damals sechzehnjährigen Sohn, der später ein gewiefter Geschäftsmann geworden ist, niemals in die Scala schickten, weil sie zu teuer sei. «Laßt ihn doch auf die Galerie gehen», empfahl meine Mutter. Sie waren entsetzt – um Himmels willen, aus der Höhe hätte der Junge, in einem so gefährlichen Alter, schließlich wer weiß wie tief in die gewagten Dekolletés der Damen sehen können.

Als nach dem Tode von Tante Camilla, die ich nicht gekannt habe, auch ihr zweiter Mann, der ehemalige

Bürgermeister von Mailand Bassano Gabba starb, erbte ich, eben weil ich den Namen seiner geliebten Frau trug (mein zweiter Name ist übrigens Bassiana) von meinem Großonkel neben vielen anderen Dingen (etwa einiges an Wäsche, darunter ein breites Bettuch, in das mit riesigen Lettern «Gute Nacht, Bassano, gute Nacht, Camilla» eingestickt war) auch die Loge in der Scala. Ich war noch ein Kind (kurze Zeit später wurden die Logen enteignet), versäumte keine Vorstellung und liebte diese Loge heiß und innig, weil man von dort oben einen guten Teil der Bühnentricks sehen konnte. Und so verliebte ich mich zum ersten Mal, wie ich schon in einem anderen Buch erzählt habe, und zwar in den Tenor Pertile, der seinen Auftritt in einem Schwanenboot hatte, das Arbeiter hinter den Kulissen an Seilen auf die Bühne zogen. Und ich machte mir gar nichts aus gleichaltrigen Jungs in Eaton-Jackets aus schwarzem Tuch und gestärkten Kragen mit runden Ecken.

So bin ich also der Faszination der Oper erlegen, und seit damals, so oft ich nur konnte, in die Scala gegangen, manchmal auf die Galerie, oft in Logen von Freunden. Was den «Ring» angeht, habe ich allerdings nicht die Ausdauer von Tante Camilla, doch nie habe ich eine Oper von Verdi und von Rossini versäumt, Bellini, Donizetti und Puccini liegen mir etwas weniger. Noch heute bewegt mich der Anblick des Orchesters (die in allen Rot- und Brauntönen leuchtenden Hölzer, die silbernen Flöten, das Funkeln des glänzenden Messings) auf gleiche Weise wie jener seltsame Zauber des allmählichen Schwindens anderer geliebter Farben: Creme, Karmesinrot und Gold.

Gassenjungen bei der Arbeit

Vor sieben Jahren saß ich wegen eines Verfahrens mit meinen beiden Anwälten in einem Gerichtssaal in Neapel, als ein Junge von sechs oder sieben Jahren auf uns zukam und uns fragte, ob wir einen Kaffee wollten. Gewiß doch, denn unter anderem zog es in dem Saal fürchterlich. Der Junge erledigte den Auftrag aufmerksam, schnell und geschickt; wir zahlten und gaben ihm ein Trinkgeld (in Neapel «mazzetta» genannt), er bedankte sich und steckte es ein.

Nach kurzer Zeit (der Beginn des Prozesses verzögerte sich) kam er zusammen mit zwei Altersgenossen zurück. «Ein Stück Seife, meine Herrschaften?» Nein danke, kein Bedarf. «Ach nein, ihr aus dem Norden wascht euch wohl nicht?» Wir kauften also die Seife auf, und hochzufrieden zogen die drei im Laufschritt ab. Ein Richter, der in unserer Nähe saß, schüttelte den Kopf: «Keine zehn Jahre, und die sind als Angeklagte wieder hier.» – «Weswegen?» – «Raub, Schlägerei, Hehlerei. Halten Sie es für richtig, das Leben so zu beginnen?» – «Und Sie, tun Sie denn etwas dagegen?» Der Richter machte mit den Armen eine ausladende Bewegung: «Es ist eine alte Plage, die nie ein Ende haben wird.» Und wir erfuhren, daß es diese Kinder, die treppauf, treppab zwischen der Cafébar und den verschiedenen Sälen hin und her laufen, nicht nur im Gericht gibt, sondern auch in den Büros von Parteien und Gewerkschaften und im Gewerbeaufsichtsamt.

Neapel ist die einzige italienische Stadt, die nicht durch Zuwanderung, sondern durch Geburtenüberschuß wächst; der prozentuale Anteil der Kinder ist hier einer der höchsten in Italien (sie machen ein Drittel der Bevölkerung aus). Für Abertausende von ihnen (nach den letzten Statistiken scheinen es einhunderttausend zu sein) wird Arbeit zu einer dramatischen Lebensprägung, bekommt eine schicksalhafte Dimension, brandmarkt die in ärmste Verhältnisse hineingeborenen Kinder für immer als Ausgestoßene.

Ich möchte versuchen, die Ursachen einer derartigen Ausbeutung aufzuzeigen und vor allem auf das Versagen der zuständigen Stellen, die sich nicht darum kümmern, und die Nichtbeachtung von Gesetzen in einer Stadt hinzuweisen, die bei einer vor kurzem abgehaltenen Bürgerversammlung als die betriebsamste Europas bezeichnet worden ist (in Widerspruch zu dem Gemeinplatz, die Neapolitaner seien faul und arbeitsscheu).

Die Ursachen? Die unsichere Arbeit des Vaters der normalerweise kinderreichen Familie, dessen Einkommen immer vom Zufall abhängig ist (quantitativ betrachtet, sind es eher die Kinder als die Väter, die arbeiten); die Art der neapolitanischen Wirtschaft mit ihrem übergewichtigen Tertiärsektor, in dem es Jobs gibt, die nur für Kinder da sind, etwa den des Laufburschen in einer Cafébar oder für eine Fleischerei (den ganzen Tag lang Getränke bringen oder Päckchen ausliefern). Dann das Ausufern der neapolitanischen Schattenwirtschaft, der illegalen

Beschäftigung, der Schwarzarbeit, die sich außerhalb der staatlichen Gesetze abspielt: Fabrikation von Plastikblumen, Handschuhen oder Handtaschen in ungesunden, schlecht beleuchteten Räumen oder in Heimarbeit. Da es ja keine wirksame Kontrolle gibt, beschäftigt der Unternehmer gerne Kinder. Die sind klein, können nicht dagegen protestieren, wenn er ihnen einen Hungerlohn gibt, jedoch keinerlei Abgaben für sie zahlt, sie über die normale Arbeitszeit hinaus oder im zermürbenden Akkord arbeiten läßt. So erreicht die Kinderarbeit hier einen skandalösen und traurigen Rekord.

In Italien besteht Schulpflicht bis zum vierzehnten Lebensjahr. Die Kommune müßte also die Eltern verwarnen und auch mit Strafen belegen, wenn ihre Kinder allzu oft fehlen. Doch es gibt keine Verwarnungen, oder sie haben keine Folgen. (Manche Schulen halten Unterricht in zwei oder drei Schichten ab, die Klassenzimmer sind überfüllt und zum Teil regelrechte Bruchbuden.) In den Familien ist das Mißtrauen gegenüber der Schule so weit verbreitet, daß mehr als 70% der Kinder mit ein- bis zweijähriger Verspätung eingeschult werden. Die Schule, in der das Leistungsdenken nie überwunden worden ist, hat außerdem keine Geduld mit den langsameren oder müderen oder «schwierigeren» Kindern und isoliert sie rasch. Es kommt vor, daß diese bis zu zwei- oder dreimal die erste und die zweite Klasse wiederholen und dann (da der Vater arbeitslos oder Kurzarbeiter ist) die Schulbank verlassen, um für die Familie Geld zu verdienen.

Im Zentrum von Neapel gibt es die meisten Verstöße gegen die Schulpflicht (etwa 27%). Es ist dies das Neapel der Armenviertel und Elendsquartiere, der «bassi», wo die stärkere soziale Zerrüttung die Entfremdung von der Schule fördert.

Die Familien, die ihre Kinder nur unregelmäßig zur Schule und am Nachmittag zur Arbeit schicken, begründen dies als eine Art der Kriminalität vorbeugende Maßnahme: damit die Kinder nicht auf der Straße herumlungern und «Gauner» werden, denn «die Arbeit dient dazu, nicht klauen zu gehen».

Ein außergewöhnlicher Lehrer ist Placido Valenza, Direktor der Pisacane-Schule, die seit 1974 in den Räumen eines ehemaligen Hospitals untergebracht ist. Er akzeptiert arbeitende Kinder und hilft ihnen; und wenn sie keine Zeit zum Essen gehabt haben, bekommen sie in der Schule etwas. Ein intelligenter Junge, der als ambulanter Händler Textilien verkauft, hat die Erlaubnis, zur Schule zu kommen, wann er will und wann er kann. Der Lehrer informiert ihn kurz darüber, was die anderen schon gelernt haben, und der Junge macht kontinuierlich Fortschritte. Der Stolz der Pädagogen ist es, daß aus einem dieser benachteiligten Jungen, den er früher am Cuoco-Gymnasium unterrichtet hat, ein hervorragender Elektroniklehrer geworden ist.

Es gibt Jungen, die alles tun, den Schulabschluß zu bekommen, um sich so vor zukünftiger Arbeitslosigkeit zu schützen. Sie nehmen es in Kauf, daß ihr Leben vollkommen eingeteilt ist, haben keinen Augenblick am Tag für Ruhe oder Vergnügen übrig. («Ich mache alles im Laufschritt», sagt der dreizehnjährige Stefano, «deshalb bin ich so mager.») Und wirklich lernt er auf abenteuerliche Weise, «abends nach der Arbeit oder beim Essen oder in der Schule während der Religionsstunde». Und zum Direktor sagt er: «Ich habe Sie gern, ärger als einen Vater.»

Die Kinder, die im Sektor Schuhe, Taschen, Bekleidung beschäftigt sind (und bei einer Tagesarbeitszeit zwischen vier und zehn Stunden im ungünstigsten Fall drei- bis viertausend, im günstigsten zwanzig- bis fünfundzwanzigtausend Lire in der Woche verdienen, ohne Urlaub, abgesehen von Weihnachten/Neujahr und zwei, drei Tagen im Hochsommer), sagen, daß sie nicht wissen, für wen sie arbeiten, daß aber «der Chef nicht der Unternehmer ist», weil «der Betrieb einen größeren beliefert, der noch einen größeren, und der dann die Geschäfte in ganz Italien, in Deutschland und sogar in Japan füllt».

Das Desinteresse und die Untätigkeit der Behörden sind total. Alle verschanzen sich dahinter, es sei unmöglich, etwas gegen die Kinderarbeit zu tun, weil sie so verbreitet und verzweigt ist. Tatenlos sieht auch das Gewerbeaufsichtsamt zu, das Werkstätten, Betriebe usw. überwachen müßte. Zur Rechtfertigung wird vorgebracht, man könne nicht in ein soziales Gleichgewicht eingreifen, für das die Kinder leider die Zeche zahlen müßten. «Wenn sich also eines Tages alle Kinder Neapels entscheiden sollten, nicht zu arbeiten», so die ausgezeichnete Journalistin Eleonora Puntillo, «würde die Industrie Kampaniens schlagartig zusammenbrechen.»

Universitäre Gruppen, Soziologen, demokratische Arbeiter, Genossen der verdienstvollen Einrichtung «Mensa für Proletarierkinder» führen regelmäßig Untersuchungen durch, drucken Broschüren, in denen sie die Mißstände anprangern, und mühen sich ab, um der Kommune und der Provinz mitteilen zu können, wer die geltenden Gesetze umgeht, welche Werkstätten bei der Industrie- und Handelskammer nicht gemeldet sind; kurz, sie beschaffen so viele Informationen wie möglich zum Thema Arbeit und Gesellschaft.

Warum werden beispielsweise die Gesetze nicht eingehalten, etwa das Dekret des Staatspräsidenten aus dem Jahre 1975, mit dem Minderjährigen eine Reihe von Tätigkeiten untersagt wird, z.B. die von in Karosseriewerkstätten arbeitenden Jungen ausgeführte gesundheitsschädliche «Spritzlackierung»? Ein anderes Gesetz (vom 17. Oktober 1967) zählt in Artikel 7 die Maßnahmen zur Garantie geeigneter Bedingungen bei der Beschäftigung von Kindern auf und stellt fest, daß auch für Minderjährige Kranken- und Sozialversicherungsbeiträge gezahlt werden müssen. Zudem gibt es ein aktualisiertes Dekret des Staatspräsidenten zu dieser Frage, das Minderjährigen 89 industrielle, 7 landwirtschaftliche und 12 anderweitige Tätigkeiten verbietet, die allesamt gesundheitsschädlich sind. Als wäre es nicht gesagt, als wäre es nicht gesetzlich geregelt.

Es war nicht Bestürzung, sondern etwas Tieferes und Demütigeres, was ich empfunden habe, als ich einen dieser Kellerräume besuchte, wo Mädchen zwischen elf und dreizehn Jahren (das flinkste von ihnen ein kleines, zierliches Mäuschen) in ungeheuer schnellem Rhythmus Handtaschenteile, Griffe, Zierleisten ankleben, also eine der gesundheitsschädlichsten Schwarzarbeiten Neapels verrichten.

Es kann geschehen, daß eines dieser Mädchen eines Tages keinen Appetit hat, sondern Brechreiz verspürt, dazu ein Kribbeln in den Beinen. Von Tag zu Tag wird sie magerer. Die Diagnose der Ärzte lautet auf chronische Blinddarmentzündung, Hysterie, Folgen einer Schlankheitskur, kurz: «Gebt ihr einen Mann». In Wirklichkeit handelt es sich um Polyneuritis oder Gliederlähmung. Verantwortlich dafür sind die vom «weißen Leim» oder «Leim 440» ausströmenden giftigen Dämpfe, in Räumen, die über keinerlei Art von Belüftung oder Ventilation verfügen. Eine Situation, wie sie seit Jahren besteht; die Behörden sind schweigende Komplizen.

Bei einer überfüllten Versammlung in der «Mensa für Proletarierkinder» wird 1973 das «Klebstoffe-Komitee» gebildet, das beim Amtsgericht Neapel Anzeige gegen Unbekannt erstattet und sich an die Gewerbeaufsicht, die Region und die politischen Parteien wendet. Nach langem Zögern entschließt sich die INAIL, die Nationale Versicherungsanstalt für Arbeitsunfälle, die Lähmung als «Berufskrankheit» anzuerkennen. Briefe, Flugblätter, Delegationen, um die Gebietskörperschaften erneut mit der Frage zu konfrontieren. Vage Versprechungen, sybillinische Antworten, während die Mädchen weiterhin erkranken. Fünf Jahre vergehen, der Schock der ersten Monate hat sich gelegt wie das damalige Pathos, so ist alles wieder wie vorher. Wie üblich ist er fern, der Triumph der Gerechtigkeit über das Unrecht. Noch immer gibt es die tödlichen Klebstoffdämpfe in den elenden Arbeitsräumen.

Bevor ich abreiste, war ich eines Abends an einem Ausgang der Untergrundbahn stehengeblieben, um mit einigen Kindern zu sprechen, die dort «Hüpfen» spielten. «Hast du geschafft?» fragten sie sich gegenseitig. Ja, alle hatten gearbeitet. Pasquale hat von neun Uhr morgens bis halb acht Uhr abends gekellnert (zehntausend Lire in der Woche plus Trinkgeld); in der Schule ist er bis zur fünften Klasse gekommen. Luigi hat zweimal die dritte Klasse wiederholt und ist jetzt Schreiner. Angelo, neun Jahre alt, arbeitet als Zuschneider für Schuhe und geht gleichzeitig in die vierte Klasse; für die Hausaufgaben bleibt der Abend. Carmine ist morgens Schüler der dritten Klasse und nachmittags zwischen fünf und acht Billardjunge (in einem Billardcafé reicht er die Stöcke und die Kreide und serviert Getränke). Alfredo, der mit elf Jahren schon Falten im Gesicht hat, arbeitet von halb neun Uhr morgens bis acht Uhr abends in einer Karosseriewerkstatt. In der sechsten Klasse ist er sitzengeblieben; abends nimmt er ab und zu sein Französischbuch in die Hand. «Wollen Sie hören?» – «Ja, sag mir etwas.» – «Ze suì an anfan de Naple, ze vè a fatigà, ze suì an peé malad.» («Ich bin ein Kind aus Neapel, ich gehe arbeiten, ich bin ein bißchen krank.»)

Die Gassenjungen von einst

Unglaublich, wie viele Kinder zu dem Kongreß «Bildung kontra Camorra» gekommen waren, zu dem das «Coordinamento degli studenti napolitani», ein Aktionsausschuß neapolitanischer Schüler, die sich im Kampf gegen die Camorra engagieren, im Januar 1984 eingeladen hatte. Mitveranstalter waren die Sektion «Schule» des PCI-nahen Gewerkschaftsbunds CGIL, die im CIDI organisierten Demokratischen Lehrer und die «Mensa für Proletarierkinder», die heute ein selbstverwaltetes Heim und zugleich wichtiges Dokumentationszentrum der Probleme Neapels ist. Zwei Tage lang drängten sich die Jugendlichen in den Sälen des Castel dell'Ovo, und am dritten Tag, nach einem beeindruckenden Demonstrationszug durch die ganze Stadt, strömten sie zu einer außergewöhnlichen, bunten Versammlung in den Saal des riesigen Kinos Fiorentini; überall bildeten sich Grüppchen und Trauben, überall Bärte, Zöpfe, Parkas, von der Mama gestrickte Pullover. «Wir haben keine Angst, wir schweigen nicht mehr», sagten sie langsam im Sprechchor.

Aufmerksam hörten sie alle zu: Universitätsdozenten, Politologen, Schriftsteller, der Bischof von Acerra, der Vorsitzende der Anti-Mafia-Kommission, Abgeordnete des PDUP (Demokratische Partei der Proletarischen Einheit), der für den Süden zuständige Funktionär des PCI, Lehrer aus allen Parteien. Und oft ging einer von ihnen zum Mikrophon, um von seinen Erfahrungen und Plänen zu berichten.

Auch ich wurde am letzten Tag für einen Beitrag auf die Bühne gerufen. Bevor ich anfangen konnte (ich hatte einen Kloß im Hals, bebte innerlich, meinte, diesen vielen politisch engagierten jungen Menschen, die aufmerksam warteten, nichts zu sagen zu haben), bahnten sich zwei Jungen, die mich unbedingt sprechen wollten, einen Weg durch die Menge. Es tat mir gut, ihnen zuzuhören. Sie waren es, die mir, obwohl ich aufgeregt war, in dem Augenblick Mut machten, ans Mikrophon zu treten.

«Erinnern Sie sich an mich?» fragte mich der eine Junge und schaute mich fest an. Es war derselbe, der vor sieben Jahren gesagt hatte: «Ich mache alles im Laufschritt, deshalb bin ich so mager.» Heute steht er kurz vor seinem Abschluß am naturwissenschaftlichen Gymnasium. Noch immer verbindet er Schule und Jobs; er lernt leicht und übernimmt auch ein wenig Heimarbeit. Und außerdem kämpft er, so gut er kann, durch Teilnahme an Demonstrationen und Protestveranstaltungen gegen dieses Übel, das noch schlimmer ist als die durch Klebstoffe hervorgerufene Polyneuritis: die Camorra, «die Schwester der Mafia».

(Was jedoch die giftigen Klebstoffe angeht, teilt er denen, die es noch nicht wissen, mit, daß vor kurzem jener wichtige Schuhfabrikant, der seit Jahren die für Fabrikarbeit geltenden Sicherheitsvorschriften mißachtet hatte, zu einigen Monaten Gefängnis, wenn auch auf Bewährung, sowie einer – leider niedrigen – Geldstrafe verurteilt worden ist; aber nur Geduld. Und er unterstreicht die große gesellschaftliche und politische Bedeutung des vor kurzem zu Ende gegangenen Prozesses gegen jenen Geldaristokraten und erfolgreichen Industriellen, der über dem Stolz auf das hohe technologische Niveau seiner Produktion vergessen hatte, die Gesundheit und das Leben seiner Arbeiter mit dem gleichen hohen technologischen Niveau und der gleichen Sorgfalt zu schützen.)

Und noch ein anderer fragte, ob ich mich an ihn erinnerte. Der Junge, der zwölf Stunden am Tag in der Karosseriewerkstatt arbeitete und außer ein paar Brocken Französisch alles aus der Schule vergessen hatte. Er sah nicht gerade blühend aus (und auch der erste war immer noch mager), doch es war ihm gelungen, die Arbeit einzuschränken und in Etappen den Schulabschluß zu erreichen. Und obwohl sein Vater «nicht wenig mit der Camorra zu tun hat», ist er, wie all seine Freunde, entschlossen, sie zu bekämpfen.

Die dramatische Situation von Kindern, die sich selbst überlassen sind, im Elend leben und sich durchschlagen müssen, hat sich, wenn ich danach gehe, wie viele ich zu sehen bekommen habe, im Lauf der Jahre nicht entschärft. Man muß mit dem Skalpell die Verbindung zwischen Camorra und Institutionen der Jugendhilfe durchschneiden, so der Soziologe Luciano Sommella auf dem Podium, weil diese Institutionen alles tun, nur nicht die Rechte der Minderjährigen schützen. Und er sagt, daß wieder Fünf- bis Zehnjährige auftauchen, die als gewiefte Taschendiebe im Autobus arbeiten. Sie gehen nie zur Schule, kein Sozialarbeiter kümmert sich um sie, und der

Vater verprügelt sie gnadenlos, wenn sie ohne Geld heimkommen (1982 sind einundzwanzig Kinder an der Folge von Schlägen gestorben). Wenn sie auf frischer Tat ertappt werden, läßt man die Kinder, die unorganisiert oder von unteren Chargen der Camorra «gemietet» sind, entweder laufen oder weist sie in Besserungsanstalten ein, wohin sie in regelmäßigen Abständen zurückkehren. Innerhalb der Einrichtung tut man alles, damit diese Kinder keine Stammkunden des Gefängnisses werden. «Denn es muß laut und deutlich gesagt werden, daß Erziehung in der Anstalt eine noble Lüge ist. Niemand kann besser sagen als wir, daß die Anstalt nicht zur Freiheit erzieht und nicht dazu erziehen kann. Sie ist im Gegenteil destruktiv, insbesondere für Kinder. Wenn sie mit vierzehn oder fünfzehn Jahren entlassen werden, beschäftigen sie sich mit Raub und Erpressung:»

«Das stimmt alles», sagt Enrico und klettert ohne Scheu auf das Podium. Er kennt die Anstalten von innen und erzählt, voll heftiger Wut auf die Kameraden, die ihn in solche Dinge hineingezogen haben wie in ein Spiel, von zwei Jahren Straßenraub, Prügeleien, Festnahmen und bedrückendem Aufenthalt in Besserungsanstalten. Danach hat er die Gegend und die Freunde gewechselt und sich ans Lernen gemacht (er ist zu einer Tante gezogen und versteht sich gut mit seinen Cousins, die regelmäßig die Schule besuchen). Heute ist er natürlich kein Straßenräuber mehr, weiß, weshalb die Camorra bekämpft werden muß, und hat sich den Gruppen angeschlossen, die sich abends treffen, um darüber zu diskutieren. Er möchte Rechtsanwalt oder Richter werden, damit er den Kampf gegen die Camorra führen kann. Und so läuft er auf die Bühne, um Nando Dalla Chiesa, dem Sohn des von der Mafia in Palermo ermordeten Carabinieri-Generals Dalla Chiesa, zuerst die Hand zu geben und ihn dann zu umarmen, kehrt wenige Augenblicke später zurück und umarmt auch Claudio Fava, den Sohn des mutigen Journalisten, der vor kurzem ermordet worden ist.

Danach spricht Gianni, Schüler eines naturwissenschaftlichen Gymnasium. Wie aus einer Apathie erwacht ist er mit einem Mal an dem Tag, als er in Pomigliano miterlebt hat, wie einer seiner Kameraden bei einem Zusammenstoß zwischen Camorramitgliedern von einer verirrten Kugel getötet wurde. Voller Wut hat auch er sich nun dieser verschworenen Gemeinschaft junger Leute angeschlossen. Und auch er ist der Ansicht, daß man nur gewinnen kann, wenn man oben zuschlägt, an den «Spitzen», wie die Richter sagen.

Der erste, der die Anti-Mafia-Bewegung unter Schülern und sozial Deklassierten organisiert hat, ist der Bischof von Acerra bei Neapel, Monsignor Antonio Riboldi gewesen. Auslöser war ein Ereignis vor zwei Jahren. Damals wurde vor den Augen von Kindern, die sich auf dem Schulweg befanden, ein in Acerra hochgeschätzter Anwalt ermordet. «Wie eine Ohrfeige für die Stadt», erklärt der Bischof. Doch die öffentlich angeschlagenen Todesanzeigen trauerten um den «allzu früh dahingeschiedenen» Mitbürger, worin sich die in einem Camorra-Ort (in dem es in den beiden ersten Monaten des Jahres schon elf Tote gegeben hatte) herrschende Furcht zeigte. Und da waren es die Schüler, die andere Todesanzeigen aushängten, in denen das Wort «ermordet» stand. Am Morgen der Beerdigung hielten sie im bischöflichen Palast eine Versammlung ab. «Es ist unwürdig, zu leben wie die Mäuse», rief Monsignor Riboldi ihnen zu. «Lernt wenigstens ihr, keine Angst zu haben und frei zu sein.»

Und trotz des Verbots von Schulleitern und Eltern wurde noch an diesem Tag für die folgende Woche der Marsch auf Ottaviano, das blutige Reich Cutolos, organisiert. Die Schüler kamen aus vielen Orten Kampaniens, aus Pomigliano d'Arco, Nola, Marigliano, Somma Vesuviana, Torre del Greco, wo die jungen Menschen überall tagtäglich eine düstere und unmenschliche Realität erleben, die nur zwei Möglichkeiten bietet: sich von der Camorra anwerben zu lassen oder sich im Haus zu verkriechen. «Es waren mehr als fünftausend Sechzehn- bis Achtzehnjährige», sagt Don Riboldi, «mit Lautsprechern und Spruchbändern (‹Schluß mit den Massakern›, ‹Schließt euch uns an›). Eine Jugend, die die Angst hinter sich gelassen hatte. Nur ganz wenige Menschen auf der Straße, fast keine Beteiligung der Bevölkerung, ein paar Leute auf dem Balkon. Zum Schluß, in der Turnhalle einer Schule, trat ein Mann auf mich zu und flüsterte: ‹Ich bin ein Feigling.› Dann rannte er fast weg. Andere sagten: ‹Mit ihnen sind viele, aber heimlich.›»

Und Don Riboldi weiter: «Seit damals hat es unzählige Demonstrationen und Versammlungen gegeben. Von Sizilien bis Bozen, von Ravenna bis Gioia Tauro und Castellammare di Stabia. Natürlich erhalte ich jeden Tag anonyme Drohbriefe, in denen ‹Ich bringe dich um› steht. Meine Antwort darauf lautet: ‹Es darf keine Angst haben, wer seine Pflicht tut. Wir wollen nicht in einem Land lebender Leichen leben.› Und die Schlußfolgerung aus jenen drei Tagen Diskussion mit viel Beifall von Jugendlichen aus allen politischen Lagern: ‹Man kann nicht mehr schweigen, ohne sich mitschuldig zu machen.›»

Hüte und Halbwelt

Liebe Pinuccia. Gestorben nach einer Operation und einer Woche im Krankenhaus. «Jetzt ist die Welt häßlich», waren ihre letzten Worte. «Doch mein Leben ist sehr schön gewesen. Danke für diese achtzehn Jahre. Keine Kränze.» Vor achtzehn Jahren hatte man der jugendlich-vitalen Sechzigjährigen eine ihr liebe alte Dame, die nicht allein sein konnte, anvertraut. Sie gehörte zu jener aristokratischen Welt, die Pinuccia immer gefallen hatte. Diese leistete ihr Gesellschaft, unterhielt sie auf ihre unbekümmert-lebhafte Art, brachte sie zum Lachen und ließ sie ihre drei Päckchen Zigaretten am Tag rauchen. Und die Familie der alten Dame war ihr außerordentlich dankbar.

Vor vielen, vielen Jahren hatte ich Pinuccia in Sant'Angelo auf Ischia kennengelernt. Damals war die Insel noch wunderschön, nur Droschken auf den Straßen, graublaue Fumarolen in den Weinbergen, keine Hotelpaläste. Auf unserer Seite gab es warme Meeresströmungen und so glühend heiße Flecken am Strand, daß man Eier darauf braten konnte.

Mit zwei Freundinnen aus Lecco wohnte ich in einer

kleinen Pension, vielleicht der einzigen in Sant'Angelo. Von der Wirtin sagte man, sie sei früher in Deutschland Gefängniswärterin gewesen. Wir fühlten uns sehr wohl dort, ein unglaublicher Ausblick, Spitzengardinen, gute Küche, im Gärtchen «Engelherzen», so nannten wir die herrlichen weißen, stark duftenden Blumen. Hier war es, daß ich sie zum ersten Male sah: Pinuccia Massimiani, geboren in Pescara, doch als Kind nach Mailand gekommen, so daß sie beinahe immer original Mailänder Dialekt, gewürzt mit lombardischem Humor, sprach.

Pinuccia – endlos lange Beine, üppiger Busen, Augen schwarz und scharf, Herrenschnitt, Nase ein bißchen breit, strahlend weiße Zähne und im Gesicht etwas Gebieterisches – war damals mit einem bekannten Mailänder Industriellen zusammen, einem klugen Mann, Kunstkenner und -sammler, älter als sie. «Er ist ein Schatz», sagte sie zu uns, «wirklich anständig, ein anständiger und gepflegter Begleiter für ein Mädchen.» Nach dem, was sie sagte, verdankte sie ihm viel, doch sie war auch ihm nützlich gewesen, hatte ihm beispielsweise beigebracht, wie man sich anzieht, ihm die Schultern in den Jacken, die immer etwas nach unten hingen, hochgesetzt.

Wir aßen zusammen, weil sie stets gute Laune verbreitete, ob sie nun nach Tisch ansetzte, romantische Lieder aus den Abruzzen zu singen, oder Umberto I. imitierte und sich dazu aus Papierservietten ein weißes Bärtchen machte. Sehr ehrerbietig behandelte sie, da sie ja eine gute und freundliche Seele war, einen alten Herrn, der ab und zu mit uns den Kaffee nahm. «Der arme Mann!» sagte sie. «Immer allein und nie fröhlich!» Es war Gabriellino D'Annunzio, der Sohn des großen Dichters, schon damals herzkrank und ein wenig hinfällig. Am liebsten wanderte er zum kleinen Friedhof des Ortes. «Nur Immergrün, Holzkreuze, Myrte und Rosen», pflegte er uns jedesmal mit toskanischem Akzent und im Tonfall eines Märchenerzählers zu erklären. Zum Schwimmen ging er ganz alleine auf einen Felsen. Man sagte, er habe Schwimmhäute wie eine Gans.

Die Pinuccia erzählte uns Schwänke aus ihrem Leben: wie sie als Dreizehnjährige als «Laufmädchen» für die Schneiderinnen Mailands begonnen hatte und dann wegen ihrer guten Figur Mannequin in bekannten Häusern wie Zuckermann und Ventura geworden war; wie es mit vierzehn zu ihrem ersten «Ausrutscher» (will sagen: Liebeserlebnis) kam; daß sie in der Folge die attraktivsten und durch Herkunft wie Besitz zur obersten Schicht zählenden Männer kennengelernt hatte und noch kannte, von denen sie viele, wie sie sagte, «an sich gezogen» hatte. Sie sprach stolz und beinahe mütterlich über sie, erzählte dann von deren mehr oder weniger glücklichen Ehen oder Liebschaften mit wunderschönen Frauen. Es gefiel ihr zu gefallen, und das gelang ihr vollkommen; sie war jedem sympathisch, und ihre Männer mochten sie weiterhin gern, besuchten sie häufig in ihrem Lädchen im Corso Matteotti, nahe dem Sant'Ambroeus (sie war Modistin mit viel Geschmack und Sinn für Eleganz).

Sie erzählte, wie eine Dame von Adel, die fürchtete, daß ihre Söhne homosexuell würden, sie eines Tages in ihr Landhaus gerufen (sie war neunzehn und ungemein reizend) und gebeten hatte, mit einem ihrer heranwachsenden Söhne im Wald spazierenzugehen: «Verstehst du mich, Pinuccia? Um ihn zum Mann zu machen.» Und sie beide hatten sich im Gebüsch versteckt, weil sie den Verdacht hegten, daß die Dame ihnen von einem Türmchen aus mit dem Fernglas nachsah. Die Sache hatte einen glücklichen Ausgang genommen, der hübsche Junge war ein großer Frauenliebhaber geworden und immer ihr bester Freund geblieben.

Als wir Schwimmen gingen, musterte sie uns mit kritischem Blick und empfahl einer meiner Freundinnen, die einen breiten, ausladenden Hintern hatte, einige Gymnastikübungen, die sie mit gelenkigen Bewegungen ihres appetitlichen Körpers gleich vorführte, und sagte: «Ich möchte nicht, daß ich eher wie eine Kaffeekanne als wie eine Frau aussehe.»

In Mailand besuchte ich sie oft in ihrem Lädchen, wo sie Freundinnen und Kundinnen empfing: Wally Toscanini, Valentina Cortese, Flora Volpini, die sie Guido Piovene vorstellte und die seine Gefährtin wurde, bevor er Mimy heiratete, die Magnani, Wanda Osiris, Milly – und all die Schönen, die einen Turban wollten, Blumenhütchen und Spitzen für die Engelchen bei den großen Hochzeiten. Und ich ging zu ihr, weil mir ihre reine, beinahe ungezügelte Lebenslust und ihre gute Laune, die auf die Leute um sie herum immer ansteckend wirkte, gefielen; und auch, weil sie, trotz ihres losen Mundwerks, eine gute und großzügige Frau war. Auch meine Mutter besuchte und mochte sie; und Pinuccia hatte sie besonders gern, obwohl sie ihr so wenig glich. «Sie gefällt mir», sagte sie. «Sie hat gar nicht die Art von einer Dame aus dem Wohltätigkeitsverein.»

Eines Tages erhielten wir die Nachricht, daß ein blutjunges hübsches Mädchen aus den besseren Kreisen bei einem Autounfall ums Leben gekommen war. Tiefe Ergriffenheit in Mailand, besonders in jener Welt, die Pinuccia so liebte und gut kannte. Am Morgen der Beerdigung verlangt eine tränenerstickte Stimme am Telefon, meine Mutter zu sprechen. Es ist Pinuccia, die sie um «einen delikaten Rat» bitten möchte. Sie sagt, daß sie in der Jugend den Vater des Mädchens gekannt habe, auch viele Mitglieder des Clubino, die gewiß in der Kirche sein würden, daß die Arme ihre Kundin gewesen sei und sie gerne zur Beerdigung gehen würde. Aber sie habe Angst, daß ihre Anwesenheit unter den Trauergästen mehr als einem unangenehm sein könnte. («Sie verstehen mich, die Pinuccia ist und bleibt die Pinuccia.») Sie fragt also meine Mutter, deren Lebensart und Weltklugheit sie kennt, ob sie hingehen solle oder lieber nicht. Meine Mutter rät ihr zu und lädt Pinuccia, da sie sich unschlüssig zeigt, sogar ein, sie zu begleiten. Und ihr Schluchzen hallt, auch wenn sie es zu unterdrücken versucht, in San Fedele wider, so daß am Ende viele kommen, sie zu umarmen und ihr zu danken.

Elf Jahre Glück mit dem Industriellen, dann verläßt er sie wegen einer anderen Frau, gegen die Pinuccia in ihrer plastischen Sprache wütet, während sie ihm – leider! – in einer Aufwallung von Stolz die herrlichen Gemälde zurückschickt, die er ihr geschenkt hatte (was sie später bedauern wird). In ihrem hübschen Geschäft erinnert sie sich daran, wie schlecht es ihr in dem ersten Jahr ging, als sie allein war: «Mein Herz hatte einen Riesensprung.» Sie erzählt, daß sie in ihrem Häuschen in Positano (wo sie sehr populär und eine wichtige Persönlichkeit war) gewesen sei: «Ich bin im Haus hin und her gelaufen wie ein Tier.» Sie war verzweifelt, alles ging schief, und schließlich gab es auch noch einen Rohrbruch im Bad, und alles stand unter Wasser. Sie läßt also den «Blechner» rufen, der, beschäftigt wie er ist, nicht selbst kommt, sondern seinen Sohn schickt, ein braver Klempner auch er.

Ruhelos geht sie auf und ab («wie eine verwundete

Löwin») – und irgendwann wird sie den jungen Mann gewahr, der da neben ihrem Wasserklosett kniet und arbeitet: ein hübscher Blonder mit Augen so blau wie sein Blaumann. Wie immer melden sich ihre Gefühle im rechten Moment. Sie schaut ihn fest an, «und wissen Sie, Signorina Cederna, was mir da für ein Gedanke gekommen ist, was ich mit dem Jungen mache? Ich habe Lust bekommen, ihm einen Kuß auf die Wange zu geben. Das habe ich getan, und jetzt ist er hier. Giacomino!» ruft sie, und der attraktive Blonde erscheint, nun in grauem Flanell. Er ist Verkäufer im Geschäft und schiebt mit seinen Arbeiterhänden die Hüte, Federn und Täschchen hin und her. Pinuccia hat ihn noch etwas zur Weiterbildung geschickt, ihn zurechtgemacht und trotz des großen Altersunterschieds in ihr Haus aufgenommen.

Es vergehen zwei Jahre, in denen Pinuccia etwas von ihrer unbekümmerten Direktheit verliert. Denn Giacomino, obwohl «mit Handschuhen» angefaßt, ist ihr nicht dankbar, wie er sollte, sondern brummig und nie mit etwas zufrieden. «Sie wissen, meine Liebe, ich bin keine sinnliche Frau. Ich brauche nur etwas Zuneigung. Aber er wird morgens in meiner schönen rosa und himmelblauen Bettwäsche mit großem Monogramm wach – und welche Mühe wäre es schon zu sagen: ‹Guten Morgen, Pinuccia, wie geht es dir? Hast du gut geschlafen?› Aber er rümpft die Nase, sagt nichts und geht aufs Klo.»

Pinuccia hat ihm eine kleine Werkstatt eingerichtet, aber sie streiten oft, versöhnen sich wieder, dann verläßt er sie, endgültig, wie es scheint. Und sie versucht ihn noch zu entschuldigen: «Der arme Teufel, wird wach – und sieht eine Alte wie mich.»

Wieder einmal wegen eines Huts bei ihr – ich brauche einen für Bagutta, weil ich den Premio «Donna» bekommen habe –, bietet sie freundlicherweise an, ihn mir nur zu leihen («*Sie* sehe ich nicht mit einem Hut herumlaufen»), ein Modell mit gelben Primeln und einem hauchfeinen Schleier. Sie nutzt meine Anwesenheit, um eine jener kleinen Szenen aufzuführen, aus denen sich gut erkennen läßt, was für ein Mensch sie war.

Ohne Giacomino fühlt sie sich, trotz allem, allein. Allein kann sie nicht bleiben, also hält sie durch Tür und Fenster Ausschau, ob nicht zufällig ein passender Mann vorbeikommt. «Der, der da, das ist der Tagliabue, der Bariton von der Scala. Nein, der gehört Elena Giusti, der ist tabu...» Ein anderer: «Der da ist ein Schatz, aber nicht treu, ich kenne ihn gut.» Plötzlich wird sie ganz aufgeregt: «Dort, dort, das ist Bob, der Dieb.» Und sie erklärt mir, daß dieser nette junge Mann in blauem Anzug und schwarzen Lackschuhen von Beruf Dieb sei. Sie glaubte ihn wegen einer Sache mit «Koks» noch im Gefängnis, aber sieh an, er geht spazieren. Seine schönsten Dinger hatte er gleich nach dem Krieg gedreht, und ihr war er immer dankbar gewesen, weil sie ihm in einer Notlage zweitausend Lire geliehen hatte. Deshalb fragte er sie zu jener Zeit ständig, was sie denn gebrauchen könnte, er würde es ihr bringen.

Einmal hatte sie ihn auf dem Platz vor der Scala getroffen und er sie gefragt, welche Autoreifen ihr denn von allen auf dem Parkplatz am besten gefielen; in weniger als einem halben Tag würde er sie ihr bringen. Doch Pinuccia war darüber hinweggegangen. In Geschäften klaute Bob immer, aber «du hast nichts damit zu tun, du bist ein braves Mädchen.»

Ein anderer geht vorbei: «Das ist ein Visconti, wenn ich nicht irre. Schöne Männer, aber immer mit schmutzigen Schuhen. Ciao, Luigi!» Und Luigi, damals mit Laura

Adani verheiratet, ein Mann mit mephistophelischen Augenbrauen und verführerischem Lächeln, kommt herein und umarmt sie. «Der da gefällt mir nicht», sagt Pinuccia und zeigt mit dem Finger auf einen tiefgebräunten Mann. «Das ist ein Dummkopf, und außerdem habe ich nicht immer verstanden, was er gesagt hat, zum Beispiel: ‹Du bist ein Nachtfalter erster Klasse.› Meinte er damit das, was ich damals war, nämlich eine Luxuskokotte?» Jedesmal, wenn er sie sah, nannte er sie so: «Wie geht es dir, Nachtfalter?»

Es ist Mittag, und herein flattert ein gutaussehender blonder Pater in Kutte und Umhang: Pater Davide Turoldo, damals sehr jung, einer der Serviten von San Carlo, der Kirche gegenüber Pinuccias Laden. Er geht von einem Geschäft zum anderen, um Geld für die Armenmesse zu sammeln. Die Pinuccia öffnet sofort ihr Portemonnaie und betrachtet ihn sich dann: «Sieh sich einer den an, so ein hübscher, strammer Kerl, wie es gar keine mehr gibt, und der wird Geistlicher!» Von jenem Tag an wußte Pater Davide, daß er, wenn er Geld brauchte, zu dieser amüsanten Dame gehen und sammeln konnte. Gleich darauf betritt eine Contessa, die in ihrer Jugend eine Schönheit war, den Laden, um sich wegen einer Haartracht für den Abend beraten zu lassen. «Sie sind immer schön», sagt Pinuccia zu ihr. «O nein», entgegnet diese, «ich bin nicht mehr jung; ich bin verblüht.» Worauf Pinuccia, die die seltene Gabe der Schlagfertigkeit besaß, antwortet: «Liebe Contessa, besser eine etwas verblühte Orchidee als eine frische Karotte.»

Wer hat die Pinuccia je weinen sehen? Nun gut, eines Tages schimmern ihre Augen feucht, als sie hört, daß ihr Giacomino in Positano eine Braut gefunden hat. Aber sie muß sich darin schicken, fügt sie hinzu, ist der Altersunterschied doch zu groß: er achtundzwanzig und sie achtundvierzig. «Aber einstweilen werde ich mager», und das tut ihr leid.

Kurz darauf verbreitet die Verkäuferin eine alarmierende Nachricht: Pinuccia und ihr Klempner kommen wieder zusammen; er hat seine Braut verlassen, und der Streit geht weiter. Die treue Angestellte sieht das Ende eines florierenden Geschäfts und eine Menge Ausgaben ihrer Chefin für Giacomino voraus. (Schon einmal hatte sie ihren Schmuck verpfändet, um eine Million Lire von der Bank zu bekommen, und eine sehr reiche Kundin, wie sie selbst Urmailänderin und aus einfachen Verhältnissen stammend, hatte ihn ihr zurückgebracht: «Die Pinuccia ohne ihre Brillanten? Das geht nicht, und hier ist die Million.»)

Tatsache ist, daß der junge Mann zurückkehrt, und Pinuccia kommentiert dies, als sie mich zu einem von ihm vorbereiteten Essen (Spaghetti mit Tomatensoße und Thunfisch, ein großer Tomatensalat mit duftenden Kräutern) einlädt, wie folgt: «Ich, die ich die gesamte Großindustrie der Lombardei und die klangvollsten Namen Italiens gehabt habe, bin zum Schluß bei einem Klempner gelandet.»

Bei dem Essen benimmt der junge Mann sich unverschämt und flegelhaft. Er zieht Pinuccia auf, sie habe zuviel Busen, und zeigt mir Fotos aus Positano, auf denen er mit jungen ausländischen Schönheiten und mit Dado Ruspoli zu sehen ist. Und in diesem zu befürchtenden Durcheinander aus Streit und Wiederversöhnung geht die Beziehung weiter.

Bis Pinuccia eines Tages verkündet: «Ich habe ihn rausgeworfen.» Er hat wirklich gewagt, sie eine alte Hexe zu nennen. Doch sie nimmt es gelassen und hat in ihrem

Zimmer ein großes Schild «Ausgleich 1957» aufgehängt. Und als Giacomino glücklich heiratet (die Leidenschaft erloschen, die Eifersucht vorbei), macht Pinuccia ihm ein Geschenk und wird über Jahre mit ihm befreundet bleiben, seine Frau kennenlernen und Patin eines seiner Kinder werden.

«Wissen Sie, daß ich meinen Frieden mit Gott gefunden habe?» fragt sie mich eines Tages. Wir nähern uns dem Jahr 1960. In der Nacht, bevor ich sie traf, hatte sie sich mit einer Freundin so heftig beim Spiel gestritten, daß sie selbst es beschämend nannte. So war sie am Morgen danach in die Kirche San Fedele und dort in die Nähe des Beichtstuhls gegangen. Als er sah, wie aufgewühlt sie war, hatte der Priester zu ihr gesagt, sie solle nicht sprechen, wenn ihr nicht danach sei, sondern Gott still um Vergebung bitten. Da war es aus ihr herausgebrochen: «Ich habe alles getan, was es auf der Welt Böses gibt, bin mit Männern gegangen, habe nie Kinder gewollt und war auch im Geschäft nicht immer anständig. Jetzt tun Sie etwas.»

Und er hatte ihr die Absolution erteilt. Jahrelang hatte sie nicht gebeichtet, und nun ging sie auch zur Kommunion. Dann war sie bei Pater Pio gewesen, der ihr alles vergeben hatte, als ob die ihren gar keine wirklichen Sünden wären. «Geh in Frieden», hatte er ihr gesagt. «Und ich habe angefangen zu weinen.» Doch man darf nicht glauben, daß sie nach diesen Akten der Reue Klosterfleisch geworden wäre. Sie war immer fröhlich, oft komisch und voll von stets amüsanten Erinnerungen.

Mit der Volpini war sie bis zuletzt befreundet geblieben. Nur einmal hatte sie sich über sie geärgert, als *La Fiorentina* erschienen war und Pinuccia, die sich über ihren Erfolg freute, eine wunderschöne Auslage gemacht hatte: viele Exemplare ihres Buchs mit Gänsefedern in verschiedenen Farben dazwischen. Aber das Wiedersehen war nicht fröhlich gewesen: «Man kapierte nicht mehr, was sie sagte. Ob das stimmte oder nicht, wie das bei Schriftstellern so ist. Hör mal, habe ich zu ihr gesagt, jetzt rede, wie dir der Schnabel gewachsen ist.» Es fehlte nicht viel, und sie hätte die Auslage aus dem Fester genommen. Als Pinuccia mir gegenüber die Klugheit ihrer Freundin Milly rühmte, erinnerte sie sich an die Varieté-Zeiten und sagte: «Sie ist die erste gewesen, die mit einem Brillanten im Bauchnabel auf die Bühne ging.»

In Positano feierte Franco Zeffirelli kein Fest ohne sie, in Mailand kamen Gianni Agnelli und Amedeo d'Aosta vorbei, um sie zu besuchen. Luchino Visconti mochte sie sehr gerne und wollte sie eines Tages Coco Chanel vorstellen. «Das kann ich doch nicht» – sie getraute sich nicht, war ganz befangen. «Bist du verrückt?» hatte Luchino ihr geantwortet. «Sie ist die Chanel und du bist die Pinuccia.»

Sehr liebte sie Orchideen, doch nicht die violetten Cattleya («mit diesem Mündchen»), sondern die schneeweiße Cymbidium-Art. Die Angehörigen der Dame, um deren geistiges und körperliches Wohl sie sich in ihrer Wohnung in der Via Melzo kümmerte (viel Kontakt mit den Nachbarn, hervorragendes Essen, immer frische Blumen), waren ihr natürlich sehr dankbar, vergötterten sie. So sehr, daß sie vor fünf Jahren ein großes Fest im Charlie Max für sie gaben, zu dem sie all ihre noch lebenden Freunde einluden, einschließlich Mario Bosisio, Europameister im Mittel- und Weltergewicht, sowie manch einen ihrer Bewunderer aus dem Adel und wenigstens einige von deren Kindern.

Während des Essens, das ausgezeichnet war, spielte

das Orchester Musik aus ihrer Zeit. Und irgendwann sang Pinuccia, begleitet vom Orchester, jenes Lied der Piaf, das ihr Motto hätte sein können: *Je ne regrette rien.*

Das ganze Lokal war voller Blumenschmuck, wie bei einer Hochzeit. Und sie trug eine Zobeljacke, eine Brillantnadel, einen Turban und auf der Brust eine Cymbidiumblüte. Die gleichen Orchideen, aus denen ihr die Familie der Dame, die sie betreut hatte, ein Gebinde für den Sarg machen ließ. Von Radaelli aus der Via Manzoni natürlich, der immer ihr Lieblingsflorist gewesen war.

Man geht manchmal noch mit

Es ist sehr schwierig, nun über andere Modistinnen zu schreiben, hauptsächlich, weil die Hut- und Halbweltkönigin Pinuccia mit ihrem unruhigen Leben, ihrer Schlagfertigkeit und ihren Liebesgeschichten, dieser Art Herausforderung und unbekümmerten Mißachtung der öffentlichen Meinung, immer die einzige pittoreske Figur dieses Gewerbes bleiben wird. Und schwierig ist es auch, weil nach ihrer Wandlung vom «Nachtfalter» zur Samariterin die schwere Krise im Hutsektor begonnen hatte.

Was nicht bedeutet, daß es zu ihrer Zeit nicht viele andere schrullige Hutmacherinnen gegeben hätte, darunter die von Gallia e Peter aus der Via Monte Napoleone, eine große, schöne und strenge Frau, ganz guter Ton und damit ganz anders als die Pinuccia. Sie verkehrte nicht mit Schauspielerinnen, Herzögen und attraktiven Klempnern, sondern führte, sehr jung verwitwet, ein vorbildliches Leben. Eines Tages war sie aus dem Sant'Ambroeus, wo sie morgens ihren Cappuccino nahm, ganz entrüstet ins Geschäft gekommen, weil ein junger Mann ihr Avancen gemacht hatte.

Sie ging sehr gerade, auf dem Kopf ein Béret, wie sie es nannte, also eine Baskenmütze, aus Stroh, Tuch oder Samt, ein wenig schief aufgesetzt, und darunter immer Perlenohrringe. Die goldenen Jahre waren auch für sie die vierziger und fünfziger gewesen, als niemand ohne Hut ausging. Die Krise setzte ungefähr 1960 ein (weil alle Frauen sich toupierten und das hübsch aufgeblähte Haar nicht platt drücken mochten), um 1970 ihren Höhepunkt zu erreichen, als sie, die Tochter einer Modistin und Mutter einer Modistin, eine Angestellte entlassen mußte, wenig später gezwungen war, einen Raum aufzugeben, und nur noch ein kleines Fenster, mit einem einzigen eleganten Hut darin, auf den Monte Napoleone äugte. Garnituren waren immer ihre Spezialität gewesen: Bänder, Schleifen, Vögelchen, zwei Blumen, eine Frucht – also das gewisse Etwas bei mehr oder weniger klassischen Modellen; «ein Gedankenakzent» pflegte sie mit einem Lächeln zu sagen.

Als die Signora Mariuccia (verheiratete Gallia; Peter war der Name ihres Schwiegervaters) gestorben und betrauert war, führte ihre Tochter Lia das Geschäft weiter; doch auch sie starb bald. Die neue Chefin von Gallia e Peter ist die Enkelin der imposanten Signora Mariuccia, Laura Marelli, heute achtundzwanzig Jahre alt, eine attraktive Brünette mit schwarzen Augen und kurzem Haar. Auch sie hat ein Talent für die Verschönerung von Köpfen. Und da sich die Zeiten ändern, ist Laura nicht so ernst und streng wie ihre Mutter und ihre Großmutter, hat allerdings auch nichts von der extrovertierten Pinuccia. «Ich bin für ein Leben zu zweit geschaffen», gesteht sie. «Gewiß kein Single, Unabhängigkeit reizt mich nicht, im Gegenteil.» Seit kurzem zu Ende ist ihre Beziehung mit einem, der, schau an, zur «Zunft» gehört. Der nette junge Mann, ein König im Hutgeschäft mit dem berühmten Namen Borsalino, importiert jetzt Hüte aus Korea, genauer gesagt: aus der größten Fabrik, die es in Korea und vielleicht auf der Welt für sportliche Männerhüte, also Schirmmützen in diversen Stoffen, gibt.

Wie sieht es bei Hüten aus? So lautet die rituelle Frage, die man jemandem stellt, der sich leidenschaftlich einem Handwerk widmet, von dem man dachte, es sei im Aussterben begriffen. Wir stellen sie also Laura Marelli, die mitten in einem Dschungel aus hölzernen Hutständern sitzt, auf denen Brautkränze, breite Strohhüte und straß- oder gagatbesetzte Abendhütchen aus Tüll thronen. «Eigentlich nicht schlecht», antwortet sie. Vor allem, «weil wir von der Hutmacherzunft im Winter zwei starke Verbündete haben, nämlich Genickarthrose und Sinusitis.» Weitverbreitete Krankheiten, vor denen die Damen ihren Kopf schützen müssen. Und sie umhüllt ihn mit Filz, Chenille, Samt und Kaschmirwolle. Eine weitere Hilfe sind die aufwendigen Hochzeiten von heute, bei denen auf jeden Kopf ein Hut gehört. Bei der Hochzeit Galtrucco Ende Juni fiel vor allem das Meer von Hüten auf. Fast alle waren von Laura Marelli: breite Krempen aus Stroh (importiert aus China) mit Blumen und speziellen Säumen, aus Seide und Organza, kleine Toques mit nichts als einem Schleier, weil allzu Überladenes ihr nicht gefällt.

Und dann ist da die Scala. Die schönen Zuschauerinnen beginnen wieder, Schleier, die von einem kleinen brillantbesetzten Kamm oder einer Blume gehalten werden, oder auch Haarreife aus Samt oder Satin mit Straß und Pailletten zu tragen. Und nicht nur das. Im Winter (auch diese Damen fürchten Arthrose und Sinusitis) importiert die Marelli Tirolerhüte aus Österreich. Sie sind natürlich für Italien hergerichtet, also nicht zu sehr im Jägerlodenlook. Wundervoll ist der Filz, der von dort kommt. In Italien gibt es keine guten Filzhüte mehr, wie auch schöne Strohhüte immer rarer werden. Die berühmten Florentiner werden aus immer breiterem Stroh geflochten, sind also nicht mehr so wertvoll und haltbar.

Dieses reizende Mädchen, das sich einen guten Mann und mehrere Kinder wünscht, hat noch eine Kundin von Pinuccia: Valentina Cortese, der sie dieses Jahr zu ihrem ewigen Foulard eine spitz zulaufende weiße Kappe mit einem nach Belieben abnehmbaren kleinen Nerz samt Schwanz angefertigt hat. Auch die Tebaldi und die Simionato gehören zu ihren treuen Kundinnen; die Simionato stets mit einem steifen Hut, Typ Amazone.

Und schließlich ist es die Marelli gewesen, die in ihren Räumen eine vielbesuchte Ausstellung von Hüten aus der Zeit von 1880 bis 1980 veranstaltet hat. Hunderte von echten Stücken, die in Privathäusern, bei Sammlern, in Koffern und auf Dachböden von Theaterschneidern aufgespürt worden waren. Alberne und schlichte Hüte, solche mit Vögeln jeder Art, auch seltenen, was die Mitglieder des WWF in Rage gebracht hat, pompöse und eigenwillige, verspielte und strenge. Eine Abteilung der Ausstellung war den (seit drei Generationen von Gallia e Peter angefertigten) Brautkränzen, samt einfachem oder mit alter Spitze besetztem Schleier, vorbehalten. Am Kircheneingang gab es immer Leute, die Wetten über die Jungfräulichkeit der Braut abschlossen. Dazu schaute man sich die Blütenblätter des Brautkranzes an. Wenn sie rosa waren, tja, dann war es schon passiert und es galt, in aller Eile die Babyausstattung vorzubereiten.

Die Freunde der Frauen

«Komm doch, nur wir sind da, und ein paar *Bambole* kommen auch.» Dies kann eine Einladung zu einem Glas Champagner, Whisky oder Rotwein vor dem Abendessen sein. Mögliches Ambiente: ein Salon französischen Typs, der Teppichboden so rubinrot wie die Samtdiwane, weiße Keramik, Vermeil-Tabletts; oder das Studio einer Bildhauerin im obersten Stockwerk eines Mietshauses, Tweed-Kissen, Kirchenstühle, Strohflaschen und Tigerfelle auf dem Boden; oder das Heim einer feinen Dame, ausgedehnte Polsterlager in himmelblau oder tabakbraun, wenigstens fünfzig Portraits von Freunden und Freundinnen in Barock- und Empire-Rähmchen, und der Pekinese kauert auf der Schottendecke mit Fransen.

«Wir sind unter uns» bedeutet, daß man eines der vielen mondänen Grüppchen wieder zusammenbringt, deren Mitglieder sich untereinander einig sind und perfekt gegenseitig ergänzen. (Da alle die gleichen Interessen und die gleiche Neugierde haben, gerät die Unterhaltung nie ins Stocken; und alle beherrschen überdies eine liebenswürdig-kooperative Art des Erzählens.) Mit dem Zusatz «Und ein paar *Bambole*» («Puppen») wird auf die übliche Ingredienz jedes Salons, jeder Zusammenkunft oder mondänen Veranstaltung der fünfziger Jahre angespielt. Es handelt sich um Männer, die sich bei all diesen Gelegenheiten hervorragend einpassen. Fast immer ist ihr Äußeres angenehm, ihr Wesen nett, ihr Plaudern geistreich. Sie wären ganz und gar faszinierend, wenn man wüßte, ob sie auch als Männer verläßlich sind.

Doch sie gehören zu einem Zwischengeschlecht, das Frauen nur in seltenen Fällen mit Neid betrachtet, während es normalerweise dazu neigt, sie als lohnende Studienobjekte zu sehen, als etwas unvorsichtige, leichtfertige Persönchen, denen man nachsichtig beistehen muß. Sie sind die vertrauten Freunde von mehr oder weniger jungen Frauen, die noch Lust auf Abenteuer oder sie schon satt haben, von Damen mit bewegtem Gefühlsleben oder melancholischen Ehefrauen, die von ihren Männern vernachlässigt werden. Bei diesen Frauen haben sie immer Erfolg, weil sie die Qualitäten besitzen, die normalerweise den verständnisvollsten Freundinnen zukommen. Sie sind wirklich wie kluge Cousinen, Tanten, die die neue Zeit verstehen, unersetzliche, weil treue Freundinnen, geduldig, immer Komplizin und nie Konkurrentin, im rechten Maße schwatzhaft.

Achtung allerdings bei der Auswahl der Bambole. Es gibt welche erster, zweiter und dritter Klasse. Und keine Frau, die in mondänen Kreisen etwas gilt oder gelten möchte, wird sich mit solchen dritter Klasse abgeben, die normalerweise als «unerträglich» bezeichnet werden. Es sind diejenigen, die allzusehr auffallen, weil sie immer und ewig als festes Pärchen aufkreuzen, von sich selbst als Frauen sprechen und außerdem möglicherweise «Nähte hinter den Ohren» haben, sich also haben liften lassen und hinter den Ohren versteckt die Narben tragen.

Die Bambole zweiter Klasse treiben etwas zu viel Aufwand mit Kleidern, verbinden oft ein zimperliches Wesen mit einer übertrieben starken Liebe zu Juwelen, und falls ihr Mund zu groß ist, lassen sie ihn sich in den Winkeln zunähen, können also nicht mehr lächeln.

Die Bambole, die gegenwärtig zur ersten Klasse gerechnet, von den guten Salons akzeptiert und schließlich aufgenommen werden, sind dagegen von tadellosem Äußeren, manchmal auch von gefälliger Häßlichkeit; ihre ständige Bräune, wenn auch durch Höhensonne erreicht, verleiht ihnen ein gesundes Aussehen. Vielleicht tänzeln sie gerne oder zwitschern ein bißchen, aber niemals sticken sie mit kleinen Stichen Kissen (oft sind die fleißigen und kunstvollen Sticker anerkanntermaßen männliche Männer), und vor allem zeichnen sie sich durch eine heutzutage sehr seltene Qualität aus: sie haben gute Manieren und guten Geschmack zugleich.

Unvorstellbar ist inzwischen, wie man sich ihnen gegenüber vor vierzig Jahren verhielt. Die Damen mußten, vom Ehemann am Arm gezogen, schnell die Straße überqueren, wenn sie eine solche Person von weitem sahen; man wollte sie nicht nur nicht grüßen, sondern nicht einmal auf demselben Bürgersteig mit ihr gehen. (Wenn die Damen heute noch so dächten, müßten die Ärmsten ständig im Zickzack laufen.) Die modernen Frauen hingegen verachten die Bambole nicht, und diese ihrerseits verehren ältere Damen. Mit ihnen sind sie sich immer einig, wenn es darum geht, die heutigen Exzesse zu beklagen, an Ereignisse und Skandale einer Zeit zu erinnern, die sie ebenso faszinierend finden wie die genannten Damen, nämlich das Ende des 19. und die ersten Jahrzehnte des 20. Jahrhunderts.

Die wichtigsten Eigenschaften der Bambole, dieser

unverzichtbaren Bestandteile unserer Gesellschaft, sind ausgeprägter Snobismus und hochentwickelte mimetische Fähigkeiten. Sie haben also die Gabe, sich schnell und perfekt jedwedem Ambiente anzupassen. Bei Großmüttern sieht man sie förmlichste Wohlanständigkeit simulieren, und mit Gräfinnen wissen sie umzugehen wie nur wenige.

Einerseits ist es logisch, daß Männer wie sie sich zu Füßen älterer Damen kuscheln, andererseits auch verständlich, daß sie mit jungen, in romantische Intrigen verwickelten Frauen gut auskommen. Wenn sie in diese Intrigen nicht selbst verstrickt sind, erweisen sie sich als erfahrene und uneigennützige Ratgeber. Sie sind verrückt auf alles, was modisch ist, auf alles, was Aufsehen erregt, also auf die Frau, die im Mittelpunkt steht, ein aufregendes Leben führt, sich auf eigene Art ausdrückt, sich extravagant kleidet. Und das Sonntagskind, dem alles gelingt, wie das geborene Opfer, dem alles schiefgeht, die gefühlsarme Frau wie die mütterliche werden ihre allerbesten Freundinnen.

Ihrerseits wissen auch die abenteuerlustigsten Damen, daß sie bei diesen speziellen Gefährten von der Last und Mühe ihrer Liebesscharmützel vollkommen entspannt erzählen können und keine Taktlosigkeiten riskieren, wie sie Frauen eigen sind, die Überraschungsangriffe zurückschlagen müssen. Die Frauen, die daran gewöhnt sind, von den Männern übersehen zu werden, können sich hingegen einreden, bei ihnen etwas zu finden, das einem Flirt sehr nahekommt, jedenfalls Männer, die sie verhätscheln und verteidigen, sie zur Begrüßung sogar umarmen und – wenn auch flüchtig – auf Wangen und Stirn küssen. Und all diese Frauen schließlich wissen, daß sie auf die Bereitwilligkeit dieser Nachfahren der Galane des 18.

Jahrhunderts zählen können, ihnen in jeder Situation beizustehen.

Die Bambole haben auch eine präzise soziale Funktion. Sie, die sich oft das Lächeln, den Geschmack und den Takt selbst beigebracht haben, aus kleinbürgerlichen Verhältnissen stammen, aber Umgang mit feinen Leuten pflegen, von Natur aus perfekte Imitatoren sind und immer den letzten Schrei kennen (die neueste Krankheit der Damen: Vorliebe für Flöten; die neueste Krankheit bei Gebäuden: Trockenschimmel im Fundament; die neueste Beilage zu Braten: frittierte Bananen und Maispfannkuchen), betätigen sich immer häufiger als Regisseure einer Frau, die nicht etwa «geboren wird» oder schon etwas kann, sondern über sie in der guten Gesellschaft, beim Film, beim Theater, in der Demimonde einen Namen bekommt. Sie bringen ihr alles von Anfang an bei: wie man sich kleidet, wie man ein Haus führt, wie man beim Antiquar die Dinge auswählt, die gerade wieder in Mode kommen, wie man empfängt, wie man einlädt und wie man eine Einladung ablehnt, wie man sich auf der Suche nach einem Engagement oder auch nur einer Protektion den mächtigen Männern, die es in jeder Branche gibt, präsentiert («Achtung, Grün gefällt ihm nicht!»), und sogar, wie man mit Stil stirbt. Sie sind also das wandelnde hochmoderne Anstandsbüchlein für Frauen, die sich noch eine Position schaffen müssen oder, falls sie schon eine haben, sie behalten wollen.

Und schließlich sind sie, die durch ihre Verbindung untereinander den heimlichen Zusammenhalt aller Gesellschaften bilden, hochbegabte Organisatoren verschiedener Zeremonien (von Hochzeitsbanketten bis Begräbnissen erster Klasse). Den Damen sind sie auch deshalb willkommen, weil sie sich durch sie über den pikantesten

Klatsch (neue Beziehungen, kürzlich erfolgte Trennungen, geheime Zerwürfnisse, was ihnen ansonsten zum großen Teil unbekannt bleiben würde) auf dem laufenden halten können. Man kann sogar sagen, daß sie es sind, die in gewissen Zirkeln, etwa Film- und Theaterkreisen, Skandale aus- und auflösen, indem sie Klatsch überall weiterverbreiten, bestimmte Situationen erfinden, aus einer momentanen Laune heraus einer Schauspielerin oder einem Sternchen einen Mann oder Geliebten zuteilen oder wegnehmen.

Insgesamt gelingt es ihnen, einer Frau all das zu bieten, was sie beinahe immer vergebens von einem echten Mann erwartet: Beistand, Ergebenheit, Zartgefühl, Sinn für Vertraulichkeiten, Vergnügen am Austausch von Klatsch und Tratsch. Männliche Männer, die einer Frau die Befriedigung verschaffen können, daß sie ihr Kleid bemerken und schön finden, sind dünn gesät. Unter den anderen aber gibt es keinen, der nicht als Kenner ihren Hut oder ihr Prinzeßkleid mit Bolero betrachten und ihr, falls angebracht, diesen oder jenen kleinen Fehlgriff auf nette Art zu verstehen geben würde.

Eine Frau ist sich sicher, daß mit Make-up, Toilette und Frisur alles zum besten steht, wenn einer dieser Freunde, nachdem er sie angeschaut hat, wie man ein Gemälde betrachtet, möglicherweise einen Schritt zurückgetreten ist, die Augen halb geschlossen, vielleicht ganz zart mit dem Daumen über den zu dick aufgetragenen grünen Lidschatten fährt und ihr zu guter Letzt sein Plazet gibt.

Ganz selten ist der Mann-Mann, der im letzten Moment und mit Vergnügen zu einem der immer häufiger werdenden Frauentreffen (Frühstückseinladungen, kleine Zusammenkünfte vor dem Abendessen) zugelassen wird.

Bambole dagegen passen ausgezeichnet dort hinein. Und ohne jene Zurückhaltung, die die Anwesenheit eines Mannes normalerweise bei Frauen auslöst – weil er sie vielleicht begehrt, eines Tages begehren könnte oder ein hartes Urteil über sie fällt, wenn sie ihm zu frivol erscheinen –, erschöpfen sie jenes Repertoire von Nachrichten, die ihnen so gut gefallen wie der Gruppe, die ihnen nähersteht als alle anderen. Es sind dies leichte, sprudelnde, etwas zerbrechlichen Geschöpfen höchst willkommene Gespräche, bei denen allerdings stets Konkurrenzdenken und Kritik an gemeinsamen Bekannten sowie ein fast immer erbarmungsloses gesellschaftliches Urteil zutage treten.

Gemeinsam und im besten Einvernehmen spricht man bei diesen Treffen schlecht über die Bekannte, die sich etwas allzu sehr aushalten läßt, über das attraktive Dummerchen («bildschön, aber sie sollte ihren Mund nicht aufmachen»; «leider weiß sie sich in Gesellschaft nicht zu benehmen»), sehr gut über eine neue Farbe, die der Brünetten mit Magnolienhaut empfohlen wurde, und so lala über eine andere Bambola, streitsüchtig und mit wirklich leicht dekadentem Geschmack. Dann geht es noch um die unbedeutenden Fürsten gemeinsame Manie, vulgäre Schauspielerinnen zu sammeln, um Sängerinnen und ihre Kaprizen, um alle Bekannten, die sich darauf versteifen, sich wie Schönheiten zu kleiden und zu benehmen, um neue Mann-Mann und Frau-Frau-Beziehungen. Es ist stets die Abwesenheit ungeschliffener, ungeduldiger oder auch nur krittelnder Männer, die es den Frauen erlaubt, in ihrer eigenen Sprache zu reden. Lange diskutieren sie, ob man unter den Fenstern des Landhauses Mohn anpflanzen sollte, um besser zu schlafen. «Was für eine Armut», sagen sie und meinen die

Familien, die in Baracken leben, das Mädchen Cristina nennen sie Cristo und «bien» den Ball, zu dem die langweiligen Leute gehen. «Einfach billig» ist der Typ, der nicht so ist wie sie, und eine «informelle Sache» der kleine Cocktail mit ein paar Freunden, während sie an der Gesundheitswelle einen «Gemüseaspekt» ausmachen.

Es sind immer sie, die entscheiden, ob das Kind der schönen Dame eine englische Nurse oder eine Amme aus Süditalien braucht, sie, die für die allzu rosigen Wangen der unbeholfenen Achtzehnjährigen Crème flatteuse empfehlen, der Gräfin, die in ihrem Leben musikalische Begleitung vonnöten hat, die nicht mechanisch sein darf, einen Tapeur, der Gelangweilten die Mitgliedschaft bei den Blumenfreundinnen, so daß sie von nun an durch die Welt reist und nichts als Gärten besichtigt, und dem Industriellen, der eine saubere Werbung für seine Nähmaschinen will, eine zugeknöpfte Zweiundzwanzigjährige, die aussieht wie frisch gewaschen.

Nur von solchen wie ihnen wird man hören, wie angenehm die Rekonvaleszenz der neureichen Dame und frischgebackenen Contessa gewesen sei, weil man ihr berichtet habe, ihre Geschwulst sei wappenförmig gewesen, oder daß man einer bekannten engagierten Schriftstellerin eine halbe Million Lire dafür geboten habe, unter einem anderen Namen ein pornographisches Buch zu schreiben.

Sie sind es, die schockierende Paradoxe einsetzen, wenn sie einen ihrer Schützlinge zu einem neuen Abenteuer drängen, weil «jedenfalls Tugend früher oder später immer bestraft wird».

Man könnte meinen, Beziehungen dieser Art müßten lange halten, ohne Sprünge zu bekommen, und zu einer friedlichen Gewohnheit werden. Doch dem ist nicht so.

Vielleicht ist der Grund dafür jenes ihnen eigene Quentchen Steriles, Unvollendetes und auf die Dauer Trübseliges. Wirklich sind diese liebenswerten und nützlichen Galane, die Frauen eine einzigartige Gesellschaft zu bieten wissen, manchmal kapriziös, übelnehmerisch, unbeständig, bekommen regelrechte hysterische Anfälle, gebärden sich nach jahrelanger friedvoller Beziehung wegen nichts und wieder nichts mit einem Mal wie wild, säen Zwietracht unter den verschiedenen Mitgliedern des Clans, verschwinden, um dann plötzlich und für kurze Zeit wieder aufzutauchen, kurz: werden zu einer Qual für ihre Freundinnen. Bei der Aussicht auf einen unvermittelten Gefühlsausbruch gefällt ihnen dann echter Verrat, also endgültiges Verlassen. Kaum zu glauben, daß die Frauen deshalb leiden, wie bei einer unglücklichen Liebe.

Es gibt auch den Fall, daß Frauen sich eines Tages in den Kopf setzen, einen dieser Freunde, mit dem sie sich sonst nur schmücken, ganz zu erobern. Normalerweise handelt es sich um eine sehr attraktive, erotische, an leichte Eroberungen gewöhnte Frau des Clans, die sich darauf versteift und es auch schafft. Doch nach dem flüchtigen Abenteuer ist die Beziehung für immer beschädigt.

Es kann auch geschehen, und kommt nicht einmal so selten vor, daß einer dieser schmückenden Freunde eines Tages zu heiraten beschließt und eine Frau findet, eine mitleidige Seele voller Hoffnung auf eine «normale» Zukunft, bereit, ihn zu lieben, ihm zu helfen, ihm Kinder zu schenken. «Wozu hat er das bloß getan?» haben sich viele kürzlich gefragt, als sie von der Heirat eines ganz besonders feinen Jünglings erfuhren, der auch erst seit kurzer Zeit eine einträgliche Beschäftigung in einem großen Unternehmen gefunden hatte. «Weil er jetzt keinerlei Interesse mehr daran hatte, öffentlich zu machen, daß er eine Selfmadewoman ist», lautete die Antwort einer seiner vielen guten Freundinnen.

Lebt wohl, Bambole

Im Laufe der Zeit beginnen auch die treuesten Freundinnen, mit größerer Distanz von den «Bambole» zu sprechen und sie als das zu bezeichnen, was sie sind – allerdings auf französisch: «Er mag eine ‹pédale› sein, ist ein ‹pédé›, eine ‹tante›.» Oder auf englisch: ‹queen›, ‹pansy› (Stiefmütterchen), ‹fairy› (Fee). Von einem, der mit Männern, aber auch mit Frauen geht, sagt man, «qu'il marche à voile et à vapeur». Und sprachliche Zurückhaltung wird auch geübt, wenn man einen Aristokraten, der zwar verheiratet und Vater von sechs Söhnen, in Wirklichkeit aber erpresserischen Epheben ausgeliefert ist, «Madame le père» nennt.

Nach und nach beginnen auch die Freundinnen, ein paar Scherze über sie zu akzeptieren, übernehmen selbst den Beinamen «Halbseidener» für den gebildeten Freund, flatterhaft, hübsch und allgegenwärtig, und sprechen ungeniert über die krankhafte Mutterbindung eines jungen Mannes: schwerer Ödipuskomplex, nie gesehene Sohnesliebe. Die alte Dame wendet alle Kniffe an, damit er nicht heiratet. Als er eines Tages aber doch eine Frau nimmt, gelingt es der Mutter zu erreichen, daß das junge Paar in ihrem Haus wohnt. Vom Tag der Heirat an quält sie den Sohn mit ungeahnten Eifersüchten. Sie verlangt, im Zimmer neben den Eheleuten zu schlafen; und da sie nachts manchmal aufstehen muß, kommt sie auf die Idee, ihren großen Zeh und den ihres Sohnes mit einer Schnur zu verbinden. Wenn sie Pipi machen will, setzt sie den Fuß auf und weckt ihren apollinischen Sprößling mit einem kräftigen Ruck an der Schnur. Der muß dann aufstehen und sie schnellstmöglich ins Bad bringen. Danach werden die Zehen wieder miteinander verbunden.

Verwundert, doch amüsiert erzählt man sich, was dem wohlerzogenen, tadellosen Begleiter einer sehr wichtigen Dame geschehen ist. Eines Abends war er in einem Kino wegen unsittlicher Annäherungsversuche an seinen Nachbarn, bei dem es sich unglückseligerweise um einen Beamten der Sittenpolizei handelte, festgenommen worden. Mitten in der Nacht von einem Anruf aus dem Büro des Polizeipräsidenten, dem der Pechvogel den bekannten Namen der mächtigen Dame genannt hatte, geweckt, erreichte sie seine sofortige Freilassung.

Sohn mit Ödipuskomplex und unvorsichtiger Galan beiseite – die Frauen haben weiterhin die Gesellschaft dieser dienstfertigen jungen Männer gesucht, die fast immer über einen exquisiten Geschmack verfügen. Inzwischen sind sie in ihren mondänen Berufen als Innenarchitekten für Yachten und Palazzi wohlhabend geworden oder als Public-Relations-Fachleute erfolgreich. So sind sie es, die die Damen, auch mit mehr oder weniger offiziellem Begleiter, zu raffinierten Essen einladen, bei denen es in puncto Luxus immer etwas zu lernen gibt. Erst gegen Mitte der sechziger Jahre wird die Bezeichnung «Homos» («omos») – niemals «Tunten» («checche») – von den Freundinnen geduldet. Und nur die allerdreistesten nennen sie einige Jahre später, allerdings liebevoll und nur wenn sie unter sich sind, «frox». («Gay» ist noch nicht gebräuchlich.) In diesen Jahren erlebt die Szene jedoch aufsehenerregende Veränderungen. Und da man nicht mehr verschwiegen ist, sind es die «amis particuliers» selbst, von denen die Damen darüber auf dem laufenden gehalten werden, was es bezüglich Lebensgewohnheiten und -stil in ihrer Kaste Neues gibt.

Aus dem Jahre 1963 stammt ein kurzer Artikel aus der «Notte», der wie folgt beginnt: «Eine beklagenswerte Gewohnheit für einen Jungen von siebzehn Jahren ist es, Frauenkleider anzuziehen und so verkleidet auf die Straße zu gehen...» Erzählt wird «das Abenteuer eines Jungen, der in einem Kino ein Handgemenge auslöste, da er von einigen Papagalli bedroht wurde». Der Artikel schließt mit den Worten: «Renzo G., aufs Kommissariat verbracht, ist von Doktor Grappone eine strenge Verwarnung erteilt worden.»

Dies sind erst die Anfänge eines Phänomens, das dabei ist, sich auszubreiten. Auf den Ratgeberseiten der Illustrierten erscheinen Briefe verzweifelter Mütter, deren viertes Kind wieder ein Junge gewesen war (obwohl sie und ihr Mann ein kleines Mädchen gewollt hatten). Sozusagen aus Spaß hatten sie begonnen, dem Kind Mädchenkleider anzuziehen, Löckchen zu legen und Puppen zu schenken. Tja, aber was macht man jetzt bloß mit dem zwölfjährigen Francesco Maria, der sich die Lippen anmalen und die Nägel lackieren will?

Nicht weniger entsetzt sind die großbürgerlichen Kreisen angehörenden Eltern, die ihren achtzehnjährigen Sohn zu einem bekannten Psychoanalytiker bringen. «Wenn ihr mich nicht nach London zur Operation fahren laßt (Casablanca ist out), schwöre ich euch, daß ich anfange, auf den Strich zu gehen.» Der Junge akzeptiert die Sitzungen beinahe zwei Jahre lang und verspricht, daß er, wenn es der Arzt schafft, ihn zu heilen, Mann bleiben will. Erreicht werden müßte ein Abbau der Identifizierung mit der Mutter, und dies gelingt dem Analytiker nicht. Der Patient benimmt sich weiterhin wie ein Mädchen. Es ist, als verlangte man, daß eine rote Blume gelb wird. Also nichts zu machen. Man konnte es nur als einen genetischen Irrtum betrachten. Er haßte seinen Penis, drohte manchmal damit, ihn sich abzuschneiden. (Und in London haben sie ihn dann abgeschnitten.)

Ein anderer interessanter Bericht kommt aus Amerika. Er stammt von einem Arzt, der gerade begonnen hat, mit einem fünfjährigen Jungen zu arbeiten. Er ist sehr hübsch und lebhaft, will sich aber immer wie ein Mädchen anziehen und spielt bei jeder Gelegenheit mit Barbie, der Puppe, zu der es eine komplette Garderobe und auch Schmuck gibt. Mit vier Jahren hatte er seine Mutter gefragt: «Was wird aus mir, wenn ich groß bin?» Die Antwort «ein Mann» hatte ihn in Tränen ausbrechen lassen. «Ich will kein Mann sein, ich will ein Mädchen sein.»

Die Gründe für eine solche Einstellung? Der Junge war von der Mutter possessorisch geliebt worden; sie unterhielt zu ihm eine sehr enge taktile, visuelle und emotionale Beziehung. Sein Verkleiden war ein Mittel, eine Verbindung mit ihr zu bewahren. Das heißt: Liebe bedeutete für ihn, das geliebte Objekt werden. Die Kleider der Mama waren für ihn, was der Beutel des Känguruhweibchens für ihr Kleines ist. Die Therapie war zum Zeitpunkt des Berichts noch nicht abgeschlossen; da der Arzt den Eindruck eines Mannes macht, der gerne Mann ist, und er auch die Sympathie der Mutter des Patienten gewonnen hat, besteht einige Hoffnung, daß der Kleine nach und nach, vielleicht nach Jahren, seine Männlichkeit annimmt.

Und wer ist das gutaussehende Mädchen mit den Rundungen an den richtigen Stellen, das den Salon meines Friseurs betritt und Richtung Kabine geht? «Das ist ein Junge, Sohn eines bekannten Pharmaka-Herstellers», antwortet mir die brave Mary, Königin des Salons. «Er ist sechzehn und ein sehr unbefangener Transvestit, der auch in einem Club auftritt. Er kann es kaum erwarten, achtzehn und Frau zu werden.»

Insgesamt herrscht heute gegenüber der Homosexualität vollkommene Toleranz, sogar Akzeptation. Dies sowohl bezüglich der manifesten wie der tendenziellen, die offenbar in jedem Mann existiert. Die Homosexuellen sind zweifellos frei. Und außerdem sind Transvestismus und Transsexualismus, wie man auf der Straße sehen kann, weitverbreitete Phänomene.

Dic Transvestiten, die sich nicht operieren lassen wollen, überbetonen das Weibliche, werden geradezu Superfrauen, bieten quasi das Bild einer unbändigen Sexualiät. Sie wollen die Frau darstellen, wie sie sich der «normale» Mann, oft verheiratet und Vater, erträumt: üppiger Busen, wohlgeformter Hintern, blonde oder kupferfarbene Locken auf einem mit größter Sorgfalt zurechtgemachten Kopf. Und den Überraschungseffekt oder das Mißverständnis, gar mit daraus resultierender Szene, gibt es nicht mehr bzw. gehört zum Spiel. Es siegt die Neugierde auf das Doppeldeutige, die Phantasie, mit einer Frau zu gehen, die außer all ihren faszinierenden weiblichen Attributen auch noch das hat, was normalerweise beim Mann am rechten Ort ist. («Von einem Wesen, dessen Geschlecht nicht eindeutig und offensichtlich ist, geht viel Verführerisches aus», schreibt Colette in *Le pur et l'impur.*) Und eine schöne Frau hilft auch dem, der mit ihr geht, das homosexuelle Tabu zu überwinden. Wer einen Transvestiten dafür bezahlt, daß er mit ihm schläft, benutzt ihn, mehr oder weniger unbewußt, um sich vor seinen eigenen homosexuellen Tendenzen zu schützen.

Die Männer, die mit Transsexuellen gehen, sind mit ihnen angeblich genauso wie mit Frauen zusammen. Es kann nicht sein, daß die Transsexuellen viel Genuß dabei empfinden, doch «ich fühle mich gut, wenn er es genießt, mir gefällt es, liebkost, gestreichelt, zärtlich berührt zu werden, all die Präliminarien mag ich». Sie sind geduldige und liebevolle Frauen, führen den Haushalt ordentlich, oft sogar mit Raffinement, da sie gut verdienen. (Moderne Möbel, Design: Alain Delon, Blumenbäder von Valentino, Messingbetten, überhaupt viel mit Weiß kombiniertes Messing: mit Messingstreifen geschmückte schneeweiße Wände, weiße Statuen mit goldfarbenen Details.) Sie stricken, häkeln Deckchen und benehmen sich oft wie Nonnen. So gerne möchten sie ein Kind, und (so erzählen sie selbst) in London gibt es Wissenschaftler, die erforschen, wie sie eine Gebärmutter bekommen und empfangen könnten. (Ob sie wohl im Jahre 2000 die einzigen sind, die Kinder auf die Welt bringen?)

Kurz: Mit den Geheimnissen um die Invertierten ist es heute vorbei. Sogar in Sesto San Giovanni gibt es, nach amerikanischem Vorbild, ein sado-masochistisches Lokal: Leder, Ketten, «fist fucking»; die grausame Lust daran, das Veilchen zu zertreten. Mailand bietet unzählige Lokale, in die ältere Homosexuelle zum Tanzen gehen, Bars, wo Transvestiten in Shows auftreten, sich auf der Bühne langsam in Frauen verwandeln (vom Blaumann zum tiefen Dekolleté) und zu Playback gelungen Marilyn Monroe, Milva und die Carrà imitieren.

In Bologna, wie auch in Mailand, hat man Ende Juni das internationale «Gay-Pride-Fest» veranstaltet. Vergangenen Sommer gab es in Rodi Garganico ein schwules

Zeltlager mit Wettkämpfen im Laufen, Springen, Ringen und Schwimmen. Alle nackt natürlich. Und am Ende wurden einige «schwule Hochzeiten» gefeiert, Krönung neuer Liebesbeziehungen, die dort entstanden waren.

In allen Zeitungen ist die Anzeige für die «schwule Kreuzfahrt nach Kreta» erschienen. Es gibt immer mehr Spezialzeitschriften mit Photos, die so detailliert sind, daß sie beklemmend wirken, und Hunderten von Kontaktanzeigen. Es annoncieren «Mitglieder der christlichen Homosexuellengruppe», «Transsexuelle», «praktizierende Transvestiten», der «Sklave und Fetischist auf der Suche nach einem Freund mit Stiefeln und Peitsche», wer den Wunsch verspürt, «sich zwecks Lustgewinn des Partners in intimer Umgebung zu verkleiden», und der «23jährige, 1,80, hübsch, ohne Bart, gut bestückt», der «säuische Typen für schöne Tage» sucht. Lebt wohl, Bambole.

BECK & GLÜCKLER

Roman.
289 Seiten,
Leinen, DM 29,80

Aus dem Italienischen von Gisela Bonz und Traudel Sattler

Elena Noja und Alice Carta, beide Mitte 30, ein wenig feministisch, ein wenig intellektuell, ein wenig genießerischer Mailänder Jet-Set, haben eine langjährige sehr enge Beziehung zueinander. Dann findet Elena eines Tages ihren verheirateten Geliebten Michele ermordet. Alles spricht gegen sie. Und Alice, die das Spiel und Agatha Christie liebt (und wie die Autorin Fiorella Cagnoni, geboren 1947, einen Krimi über Alice Carta schreibt), beginnt aus Details, die der Polizei entgangen sind, ein Puzzle zusammenzusetzen, das ein ganz anderes neues Bild ergibt. Ein recht spannender Krimi, in Italien 1985 mit dem Premio Mystfest ausgezeichnet, auch wegen der „Originalität, mit der die Autorin die Lebensgewohnheiten der Frauen ihrer Generation unter die Lupe nimmt“.